食の文化フォーラム

現代〝間食〟考

狭間からみる人類の食

野林厚志 編
公益財団法人 味の素食の文化センター 企画

平凡社

↑ 地上に落ちているタマリンドの果実を食べるワオキツネザル
マダガスカル　ベレンティ保護区、2006 年。
撮影：市野進一郎

← サンカクヤシの樹皮をなめるワオキツネザル
マダガスカル　ベレンティ保護区、2007 年。
撮影：栗林愛

↑ 猟の途中で、ハチミツの採取
タンザニア　ハッツァの人々、
2009 年。撮影：池谷和信

← 缶に一杯になった採集したイモ虫
ボツワナ　サンの人々、1993 年。
撮影：池谷和信

↑ 食事であり、間食でもある自家製乳製品を
ゲルの上で干している
モンゴル国　ウブルハンガイ県、2012 年。
撮影：石井智美

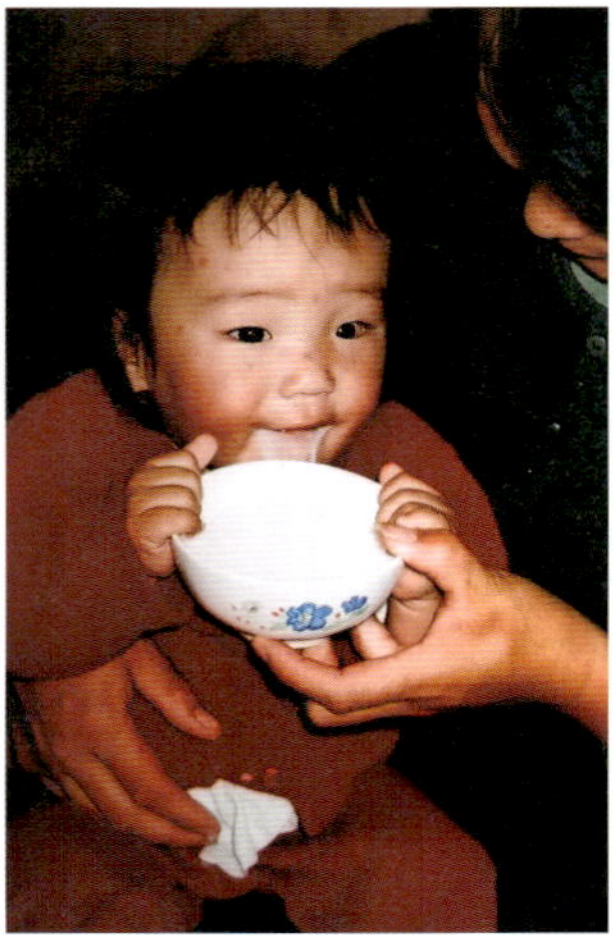

→ 夏季の民族飲料馬乳酒は子どもも大好き
モンゴル国　ウブルハンガイ県、2012 年。
撮影：石井智美

↑ レバノン中部の山村の家庭でマナーキシュを焼いている
レバノン、2009 年。
撮影：黒木英充

← インドネシアの揚げせんべい
奥は左からマニオクのチップス、もち米と小エビペーストの揚げせんべい、うるち米の揚げせんべい。手前はもち米のおこしのような菓子。
インドネシア共和国
西ジャワ州、2019 年。
撮影：阿良田麻里子

スーパーマーケットのメレンディーナ売り場
様々なメレンディーナが四角い箱や袋にパッケージされて陳列されている
イタリア　ローマ、2023 年。撮影：宇田川妙子

バタバタ茶とお茶うけ
お茶うけは漬物と富山の郷土料理「べっこう」の溶き卵をクルミにアレンジしたもの。
富山県朝日町蛭谷、2024 年。撮影：江頭宏昌

せん（鼻高だんご）を干す
手間と時間のかかるあく抜きと発酵を経て作られるサツマイモの保存食。
長崎県対馬市、2019 年。撮影：江頭宏昌

信州（長野県）のお茶うけの例
お茶を中心に左下より時計回りで、「かぼちゃ煮物」「野沢菜漬」「ひたし豆」「にらせんべい」「小芋の煮っころがし」の順に並ぶ。飯綱町、2023年。
写真提供：いいづな歴史ふれあい館

農作業後のお茶の時間
長野市鬼無里、2014 年。撮影：中澤弥子

↑ **ハクセッコの野菜の型**
浜松市、三ヶ日製菓、2024 年。
撮影：山田慎也

← **ごまのオヒラパン**
浜松市、三ヶ日製菓、2024 年。
撮影：山田慎也

巻頭言　間食に垣間見る人間の食の本質

守屋亜記子

朝昼晩の三度の食事の間にとる間食は、ときには準食事のような役割を担うこともあるが、生命維持や健康のために摂取する食事とは異なり、食べてもよいし食べなくてもよく、栄養のくびきから解き放たれ自由度が高い。三度の食事を制度化された生活文化とすれば、間食は制度の外にある食であり、おおらかで自由な食であるといえよう。

おやつ、お茶、小昼《こびる》。日本にかぎってみても間食にあたる名称はさまざまで、それらが指し示す内容も一様ではない。例えば農村のお茶や小昼は、都市とは異なり、漬物や煮物をお茶請けにしたり軽食を食べたりする。その意味で間食は食事の延長であり、食事と地続きでもあるのだ。

以前フィールドワークを行った韓国の高齢者福祉施設での間食は、実に自由でのびのびとしていて、そこで暮らすおばあさんたちにとって心の潤滑油といえるものであった。

施設生活において、食事は一日のスケジュールに組み込まれている。衛生管理がなされた調理施設で作られ、栄養バランスのとれた食事は、決められた時間に決められた場所（食堂）で食べなければならない。高齢者にとって三度の食事は生命や健康維持に関わる重要な行為であり、食事を摂ることが難しいときには栄養補助食品があてがわれることもあった。食事において入所者は受け身にならざるを得ず、それが施設の食事というものであった。

これに対して間食は、入所者自身に決定権があり主体的に関わることができる食であった。自室やリビング、玄関ホールなど入所者たちは思い思いの場所で、食べたいものを食べたいときに、誰に干渉されることもなく自由に食べていた。

あるおばあさんはピーナッツバターがお気に入りの間食だった。若い頃、フランス人神父のまかないの仕事に従事していたときにその味を覚えたという。自室に買い置きし、小腹が空いたら一匙食べる。施設近くの市場で買ったコーヒーミックス（インスタントコーヒーと粉末ミルク、砂糖が調合されたもの）を、気のおけない友達と楽しむひともいた。

まくわうりや梨を半分に切り、匙で果肉を薄く削って食べる人もいた。かつて子どもに離乳食を食べさせていたのと同じやり方だ。食事はダイニングテーブルで椅子に座って食べるが、間食は床に腰を下ろして片膝を立てて食べる。長年慣れ親しんだ姿勢のほうが間食にはなじむのだろう。噂話や世間話に花が咲き、おばあさんたちにとって間食の時間は施設生活の息抜きの時間だった。

このように、高齢者福祉施設の入所者たちは、間食を自らの社会文化的なコンテクストの中に取り込み楽しんでいた。施設の規則正しい生活はときに窮屈なこともある。たまにはそこから逸脱したくもなるだろう。間食はよい気分転換になり、自分自身を取り戻す時間、食の自律性を回復させる時間であったといえる。間食から人間の食の本質を垣間見る、そんなこともできるのではないだろうか。

現代〝間食〟考——狭間からみる人類の食——もくじ

第Ⅲ部　日本の間食

第Ⅳ部　間食と社会

序章　間食論へのアプローチ

野林厚志

はじめに

人間の食事の回数は時代や地域によって違いがあるものの、おおむね二回から三回というのが一般に受け入れられてきた。一方で、少なくない社会で、通常の食事の合間の飲食として間食が習慣化されてきた。

本書の目的は、我々の食生活の中で当たり前のように存在している間食とは何かを明らかにすることである。当然のことだが、間食とは何かという説明は様々な分野でなされ、定義が与えられてきた。特に、栄養学や家政学、公衆衛生、歯科医学、教育学といった分野では間食が研究の対象とされてきた。これらの分野に関連した間食の説明をいくつかあげておこう。

二〇一〇年に刊行された『総合 調理用語辞典』では、日本における間食を中心にしながら、成人の労働時や幼児の成長期の栄養の補給、楽しみとしての間食、間食にともなう問題等、総合的な観点から間食について説明がまとめられている。

食事と食事の間に、食べ物を食べること。八つ時（現在の午後三時頃）に食べたことからおやつ、おさんじともいう。また、小昼飯（こひるめし）ともいう。昔は肉体労働が激しかったため、三回の食事ではエネルギーが足りず、間食によって補った。また、幼児は消化器が未発達なため、一度の食事で食べる量では栄養素摂取量が不足するので、間食が必要である。この場合は補食とも呼び、たんぱく質、無機質、食物繊維などが含まれたものを食事の一部として与える。大人にとっての間食は食の楽しみであり、ストレス解消や休息の効果もある。ただし、甘い菓子やスナック類は概して糖質、脂質が多く含まれており、食べる量、回数によっては、エネルギーのとりすぎになるので注意が必要である。

数年前に日本で刊行された『世界の食文化百科事典』（二〇二一）では、間食にsnackingという英訳語を与え、摂取する場所、時刻、食品の種類、量の組み合せで定義されるとし、間食を構成する要素を示している。また、間食の是非が「不足はないのに余分に摂取する間食」であるか「不足を補うために摂取する」かという基準で決まることや、間食の役割について、空腹による苦痛をやわらげ、充実感、幸福感を得ることができると説明している。

従前に述べた間食に相当する英語snackingを手がかりにすると、二〇〇二年に刊行された*Encyclopedia of Food and Culture*では以下のように説明され、間食が時代によって変化したことが理解できる。

人類の歴史の中で、食事の頻度や内容はさまざまであった。古くから、食間には軽食や食べ残しが食べられていた。ブドウやイチジク、リンゴなど、ほとんど調理を必要としない自然で甘い食べ物が多かった。一九世紀のアメリカでは、間食への関心が自然食品から塩分や糖分の多い市販の調理食品に移っていったが、二一世紀初頭にはこれらの加工食品がスナック食品とみなされるようになった。(筆者訳)

間食のこれらの説明の中には、間食とは何かをほりさげていく観点が含まれている。本書の核心となっていくいくつかの観点をとりあげながら、間食の予察を試みておこう。

1 「三度の食事」

間食は食事と食事との間に存在する。字面からは非常に当たり前のように思われるが、食事が存在しなければ、間食という表現は存在しない。ここで述べるところの食事とは単に「食べる事」ではなく、日常的かつ規則的な「三度の食事」である。

「三度の食事」の背景には、生態学的なものと社会的文化的な理由とがあるだろう。生態学的な理由は個体が生存していくうえで必要な栄養素をいつどれだけとるのかということになる。

多くの生物種の場合、自然状態の中で食物連鎖を維持していることを考えれば、食事の回数は個体の代謝サイクルにあわせて自然にプログラムされたものということになる。両生類や爬虫類、クマやリスなどの哺乳類が行う冬眠の期間を除けば、多くの野生動物は毎日、摂食行動をとる。では、この定常的な摂食行動の合間に摂食行動があるのか、その合間の摂食と定常的な摂食行動との間には質的、量的差異があるのかどうかは、人間の間食との対比の点で興味深い。

そして、人間の「三度の食事」はより社会的文化的なものである。もともと昼行性であるヒトは昼間のあいだに食物の探索と摂食行動を行ってきた。進化史的な視点で見るならば、他の生物種とヒトの大きな違いは、ヒトが地球上の生存可能な場所へ拡散、分布したことである。結果的に昼と夜の長さが異なる広範囲な緯度にわたって人間が生活することにつながる。昼夜の割合が異なり、さらにそれが季節によって変化する環境であるにもかかわらず、人間は自らが作った時間という概念とそれにもとづく制度によって一日をきざみ、そこに「三度の食事」をはめこんできたのである。

2 補食

人間の「三度の食事」の社会的文化的な側面が生態学的には不利な状況を生じさせたことから、人間は「三度の食事」の間に摂食行動を設けることになる。これが補食としての間食である。野生動物の行動は、もちろん社会的行動や遊びのような類のものもあるが、基本的には摂食のための食料の探索と獲得である。これに対し、人間は労働や余暇といった摂食行動とは直接は結びつかない行動をはじめた。日常的に必要とする量以上の食料の生産、食料以外のものの生産、そうしたものの運搬、大規模な移住等日常生活を営むために必要な分以上の移動等、これらは農耕の発生以降にみられる文明に伴う行動であり、個人や集団を維持していく以上のエネルギーが求められるようになった。

もちろん、これらの行動に見合う「三度の食事」をとればよいのだが、人間は労働や余暇を「三度の食事」で賄える量にとどめるのではなく、より多くの労働や余暇に時間を割くようになった。当然のことながら、それに応じた「三度の食事」が発達し、それだけでは足りない場合には間食というかたちで、過剰な労働や余暇を可能にしていったのである。

また、ヒトは他の動物に比べて自力で摂食が可能となる時期が遅いことも補食としての間食が生まれる一つの背景となっている。例えば哺乳類の場合、離乳期をすぎれば、生物学的には成体と同じような摂食が可能となるが、ヒトは離乳後も数年間は親や年長者の助けがなければ、生存や十分な成長が期待できない。未発達な歯牙や消化管をもつ一方で、急速に発達する脳や身体に必要なカロリーをいかにして得るかが、ヒトの子どもにとっては非常に重要となる。

一方で、「三度の食事」は食事を作る側、提供する側、すなわち大人の理屈のもとにあり、大人の生存条件や時間の都合にあわせた食事のありかたと言える。当然のことながら、そうした「三度の食事」は子ども、さらには、大人と同様な摂食ができない高齢者や病人にとっては不都合なものである。「三度の食事」についていけない者にとって、補食として間食が果たしてきた役割は大きい。

3 充足と過剰

補食としての間食は、子どもや高齢者らの生存や健康のために必要な栄養素を充足するものであった。一方で「三度の食事」で必要な栄養素が満たされるのであれば、大人には補食は必要ない。先述したように、「三度の食事」で供給される栄養素では不足する労働や余暇のために、大人は補食を目的とした間食をとるのだが、それは栄養素の充足にはとどまらず、間食という行為そのものへの欲求を生じさせてきた。それは間食でとる飲食物が与える充足感が影響している。

程度の差はあれ、「三度の食事」は慣習的、制度的に位置づけられ、あるべきものとして一定の地位を与えられてきた。したがって質的にも量的にも「三度の食事」にふさわしい一定の水準が求められてきた。一方で、間食はわざわざ時間をかけて作るようなものでなく、食事の食べ残しや果物をはじめとする、ほとんど調理を必要としない自然で甘い食べ物が多かった。それが空腹による苦痛をやわらげ、充実感、幸福感を与えるようになり、大人にも間食がなくてはならない存在になったのであろう。

栄養学的、精神的充足を与えるはずであった間食に罪が生じるのがこのあたりからである。「三度の食事」とは異なる充足感をもたらす間食は、その充足感ゆえに過剰な摂取につながっていく。生理的な充足感をより強く、そして手軽にもたらしてくれる食品が間食の主役になった近代以降、間食は不足を補うために摂取することと、不足はないのに余分に摂取することの境界を曖昧にさせていったと言えるだろう。生理学的な充足感を与える糖質、脂質が多く含まれた入手しやすい加工食品が間食の主役となり、「三度の食事」との連続性や補完性が減退し、間食が一人歩きし、場合によっては食事におきかわっているようにさえ見える。

4 間食の功罪

間食で食べるような、換言すれば「三度の食事」では食べないとしてきたもので食生活を成立させることに違和感をもたなくなった時、我々は当たり前のように使っていた「食事」という言葉、概念に自信がもてなくなるのではなかろうか。間食と「三度の食事」の垣根が崩れた時に現れる食の風景を我々は予想しておいたほうがよい。人間の食生活を特徴づけてきたと言われる料理や共食が吹き飛んでしまうような衝撃を間食が持っていることにあらためて注意をはらっておきたい。

一方で、間食には「三度の食事」にはない特徴がある。これをうまく利用できないのは間食を使いこなせていない人間側の能力の問題とも言える。そして、その原因は、我々は間食とは何かを実際のところはよくわかっていないところにある。

本書ではこれまでわかっているようでわかっていなかった間食に様々な角度から光をあてて、その様相と影とを描き出してみたい。間食の具体例と多様性、間食の栄養学的、機能的位置づけ、間食の社会的文化的機能、人間への心理や感情への働きかけ、間食がくみこまれた食生活のデザイン等の議論を通じて、間食を浮き彫りにしていく。その上で、食事とはなにかを逆照射することも狙ってみたい。

参考文献

全国調理師養成施設協会（二〇一〇）『総合調理用語辞典』全国調理師養成施設協会。

野林厚志他編（二〇二一）『世界の食文化百科事典』丸善出版。

Katz, Solomon H. & Weaver, William W. (ed.) (2002) *Encyclopedia of Food and Culture: Obesity to Zoroastrianism, volume 3.* New York: Scribner library of daily life.

第I部

間食の起源

第1章　霊長類の「間食」

市野進一郎

はじめに

本章の目的は、「間食とは何か?」という問いに霊長類学の立場から答えることである。霊長類学は、ヒトを含む霊長類の特徴を進化の視点から研究する学問である。そのため、本章における具体的な問いは、「ヒト以外の霊長類に間食はあるか?」、「あるとすれば、その間食にはどのような適応的意義があるのか?」というふたつになる。もう少し平たい言い方をすれば、間食という行動を霊長類全体の中でみることによって、私たちヒトが間食する理由に生物学的背景があるのかを考えてみたい。

これらの問いに答えるためには、まず一般に間食とは何を指すのかを確認しておく必要がある。辞書によると、間食とは「定まった食事と食事との間に物を食べること。」［新村　二〇〇八：六三四］や

「決まった食事と食事との間に、ちょっとした物を食べること。」〔山田ほか二〇〇五：三二二〕である。前者では明文化されていないが、そこにはふたつの要素が含まれている。すなわち、（1）決まった食事と食事との間という、時間やタイミングに関連した要素と、（2）少量という、食べる量に関連した要素である。食べる量が多ければ、それは決まった食事時間から外れていても「早い食事」もしくは「遅い食事」となり、間食には相当しないので、実際には、これらふたつの要素が重なり合う部分が間食に相当すると思われる（図1）。

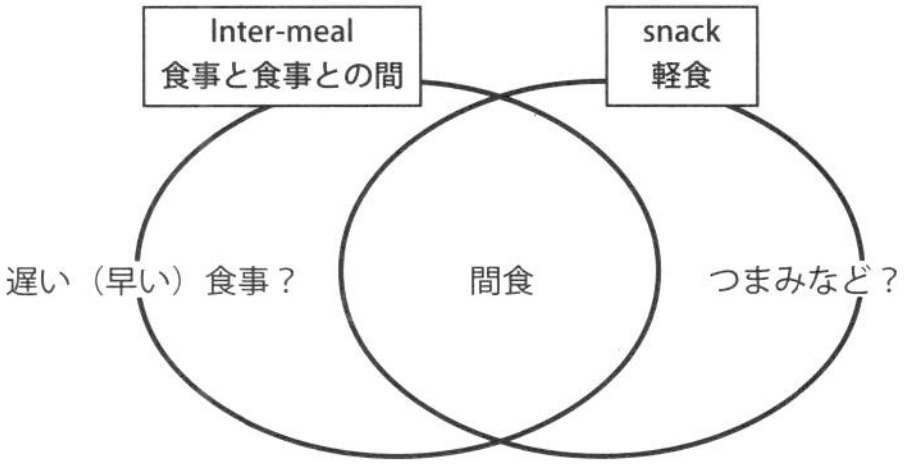

図1　間食の概念図

この定義を生物学的に考えてみると、留意すべき点がある。まず、「食事と食事との間」については、それぞれの動物のもつ形態的・生理的特徴に関連した制約があることである。それぞれの動物は食性に応じた消化管をもっており、消化速度に違いがみられる。夜行性の小型霊長類を除き、多くの霊長類の種は植物を主な食べ物としており、特に葉を食べる種は長い消化管を必要とする。また、一度に咀嚼できる食べ物の量にも制約がある場合がある。間食を摂食行動として理解するためには、食事に関連した体の器官（口や消化管）の形態や生理機能を考慮する必要がある。

また、研究者がこの行動をどのようにとらえて、記述してきたかという点も重要である。ヒト以外の霊長類の採食行動に関する研究は多数あるが、間食に着目した研究はほとんどないと思われる。その理由は、ヒト以外の霊長類の採食行動に関する研究が摂取エネルギー量、つまり食べる量を基準にして重要な採食品目を調べるという定量的方法によっておこなわれているからだろう。少量しか食べない食物は「その他」としてまとめられ、注目されることが少ないのである。

本章では、こうした点に留意しながら、野外における霊長類の研究で記述された「間食」行動の事例と、筆者が研究をおこなっているマダガスカル南部のワオキツネザルの事例を紹介する。それによって、霊長類の「間食」の特徴を明らかにし、その適応的意義について議論する。

1　ヒト以外の霊長類には決まった食事時間があるか?

ヒトの間食は文化によって、また個人によっても非常に多様である。これは、生物としてのヒトの間食概念があいまいであるということを意味している。しかし、文化や個人による違いがあるにせよ、少なくともヒトの食事には食事時間の区別があり、多くの場合、そこから逸脱した食事が間食とみなされるようだ。

ヒト以外の霊長類の「間食」を考えるうえで難しいのは、ヒトにとっては普通である食事時間の区別があいまいなことである。タンザニアのマハレ国立公園で長年、野生チンパンジーの研究をおこなった西田利貞がチンパンジーの食事回数について述べている［西田 二〇〇八］。採食時間の割合が一日の中でどのように変化するか調べると、例えば一日の食事回数が三回であれば三回のピークが現れるはずである。実際の結果は、日によってピークの回数は異なり、一日二食の日もあれば、五食の日さえあるそうだ。このように、ヒトに近縁のチンパンジーですら食事の回数は特に決まっていないようだ。おそらく採食時間の割合が高くなるピークがみられるのは摂取した食物を消化するために食べない時間帯があるためだと思われる。そのピークの回数が日によって異なることは、食べたものによって消化に必要な時間が異なっており、ヒトのように明確な食事時間がないといえる。なお、多くの霊長類の種で朝や夕方に採食のピークがみられるが、これは単純に昼行性の霊長類が、朝起きて空腹のため集中的に採食するのと、夕方に就寝に向けて集中的に採食するためだと思われる［中川 一九九四］。

さらに、実際の採食場面をみてみると、状況はもう少し複雑である。霊長類の多くはさまざまなものを食物として選択するジェネラリストである。そのため、ある季節に森にある食物から、食べたいものを選んで食べていると思われる。それは具体的にはすぐにエネルギーになる糖類を多く含む果実やタンパク質に富む葉などであるが、果実は利用できる量に限りがあり、あっても十分に熟れていない場合があるので、霊長類は移動を繰り返し、果実の匂いを嗅ぐなど探索をしながら採食していく。つまり、ヒトの食事とは違い、野生動物の食事は食べる時間だけではなく、移動・探索をしながら、時には休息も取りつつ、連続していくモザイク状のもので、一回の食事を明確に区別するのは難しい。

それでも操作的に食事回数を定義することは可能である。筆者が調査をおこなったマダガスカル南

時刻	7月16日	7月22日	7月25日	7月28日
14:25	r	r	r	r
14:30	r	r	t	r
14:35	r	r	r	r
14:40	r	r	r	f
14:45	r	r	f	r
14:50	m	r	f	f
14:55	t	r	f	f
15:00	t	f	f	t
15:05	m	f	f	m
15:10	m	r	f	r
15:15	f	r	f	t
15:20	f	r	g	t
15:25	f	r	t	f
15:30	m	r	r	f
15:35	r	r	m	f
15:40	r	f	r	r
15:45	g	f	t	r
15:50	g	f	r	m
15:55	r	r	t	f
16:00	r	r	f	f
16:05	f	r	f	f
16:10	f	f	r	r
16:15	f	o	r	f
16:20	f	f	f	f
16:25	f	f	f	g
16:30	t	f	f	g
16:35	t	f	f	g
16:40	f	r	r	f
16:45	f	t	r	f
16:50	m	f	r	t
16:55	t	f	f	r
17:00	f	f	f	r
17:05	f	f	f	f
17:10	f	f	f	f
17:15	f	f	m	f
17:20	r	t	f	f
17:25	f	t	r	f
17:30	g	r	r	m
17:35	g	m	r	f
17:40	r	t		f
17:45	r	r		f
17:50				r
17:55				r

注：オトナメス1頭を対象にした終日個体追跡をおこない、5分おきの瞬間記録で以下の6種類の分類から活動を記録した。

f =［採食］
t =［遊動］
r =［休息］
m =［（短時間の）移動］
g =［毛づくろい］
o =［その他の活動］

3回連続で採食［f］以外の行動が記録された場合に食事が終了したとみなし、1回の食事を枠で囲って示した。

表1　ベレンティ保護区のワオキツネザルの１日の食事時間（2001年）

時刻	7月16日	7月22日	7月25日	7月28日
7:45		r	r	r
7:50		r	r	r
7:55		r	r	r
8:00	r	r	r	r
8:05	r	r	r	r
8:10	r	m	r	r
8:15	r	f	r	f
8:20	r	t	r	r
8:25	r	f	r	t
8:30	r	r	f	f
8:35	r	f	f	f
8:40	r	f	f	f
8:45	f	r	f	r
8:50	r	r	f	f
8:55	f	r	r	f
9:00	f	r	m	f
9:05	f	r	t	f
9:10	f	f	f	f
9:15	t	r	f	f
9:20	r	r	f	f
9:25	t	r	f	r
9:30	f	r	t	t
9:35	r	f	f	f
9:40	r	f	g	t
9:45	o	f	f	f
9:50	f	f	r	f
9:55	f	r	r	r
10:00	t	r	t	f
10:05	t	m	f	f
10:10	r	r	f	m
10:15	r	r	r	r
10:20	f	r	f	r
10:25	f	r	f	r
10:30	m	r	f	f
10:35	r	r	f	f
10:40	f	r	r	f
10:45	f	r	f	t
10:50	f	t	t	r
10:55	r	r	r	f
11:00	f	r	r	f
11:05	f	f	m	f
11:10	f	f	f	f
11:15	r	r	f	f
11:20	g	t	r	f
11:25	r	t	m	f
11:30	r	f	r	t
11:35	f	m	r	r
11:40	r	r	m	f
11:45	f	f	f	f
11:50	f	f	m	m
11:55	r	f	f	f
12:00	r	f	f	f
12:05	r	f	f	f
12:10	r	m	r	r
12:15	r	r	m	m
12:20	m	r	r	f
12:25	r	r	m	t
12:30	r	r	r	t
12:35	f	r	g	f
12:40	f	r	r	f
12:45	t	r	r	r
12:50	t	r	r	g
12:55	t	m	r	r
13:00	m	r	r	r
13:05	f	r	g	r
13:10	f	g	r	t
13:15	r	r	r	r
13:20	f	t	r	f
13:25	r	t	r	f
13:30	r	m	r	f
13:35	m	f	r	f
13:40	f	f	r	r
13:45	r	f	r	r
13:50	r	f	r	r
13:55	r	f	r	r
14:00	f	f	r	r
14:05	f	r	r	r
14:10	r	f	t	r
14:15	r	r	r	r
14:20	g	r	f	r

部ベレンティ保護区のワオキツネザルのデータをみてみよう。日の出から日の入りまでの約十時間を追跡したデータで、五分おきに行動を記録したものである。これをみると、採食と他の行動が交互に現れてくることがわかる（表1）。

このデータは二〇〇一年の七月に記録されたもので、季節は南半球に位置するマダガスカルの冬に相当する。マダガスカル南部の冬は寒いだけではなく、長い乾季の真ん中にあたる。五分おきの記録なので、たまたま短時間の食事の中断があった場合に、食事の終了と区別ができない。そこで、三回連続して食事以外の活動が記録された場合に食事が終了したとみなした。そうして食事回数を数えてみると、一日の食事回数は八回から一一回であった（七月一六・二二・二五・二八日の四日間）。

また、屋久島の野生ニホンザルを調査した丸橋珠樹は二分間以上採食が休止した場合、または別の食物や別の場所での採食に移行した場合、ひとつの採食が終了したとみなし、このひと続きの採食を採食バウトと定義した。この採食バウトを一回の食事とみなした場合、ニホンザルの一日の食事回数は五月の葉食期には九・九回、八月の果実食期でも八・七回であった［丸橋 一九八六：一七］。

このように、採食時間割合のピークで考えた場合でも、採食バウトなどを食事時間と考えた場合でも、ここで取り上げた霊長類の食事回数はヒトよりも多いことがわかる。それはつまり、食事と食事との間の時間が短いということで、休息のとき以外は絶え間なく食べ続けているようにみえる。

2　ヒト以外の霊長類の「間食」はどのように記述されてきたか？

それでは、これまでにヒト以外の霊長類で「間食」はどのようなものとして記述されてきたのであろうか？　報告された事例を網羅的に調べるために、英語での文献検索をおこなった。英語で「間食」に相当すると思われる単語には「snack」と「inter-meal」のふたつがある。それ以外にも、例えば「a bite」のように軽い食事を意味する英単語は多くあるようだ。しかし、より一般的で広く使われている単語「snack」と文字通り「食事の間」という時間的な意味をもつ単語「inter-meal」（図1）のふたつを検索語として用いた。

学術文献用検索エンジンGoogle Scholarを使って「snack」もしくは「inter-meal」と霊長類の属名のふたつを検索語として、文献検索をおこなった。属名は日本モンキーセンター霊長類和名リスト（二〇一八年一一月版）〔日本モンキーセンター霊長類和名編纂ワーキンググループ 二〇一八〕にある七五属を用いた。なお、属名がより一般的な言葉と一致している場合（例えばLemur、Gorillaなど）には、該当する文献が多すぎるため、種小名も含めて検索語とした。

検索結果の多くは本章の主題とは無関係の文献であった。例えば、ヒトを対象とした研究の中でヒト以外の霊長類に言及しているものが多くあった。また、東南アジアなどの研究で、野生の霊長類が「snack」として人に食べられているといった記述などがあった。飼育下の霊長類に関する記述も多く、特に肥満研究では実験動物として霊長類が使われており、間食の肥満への影響が研究トピックになっていた。

本章の主題とは無関係なそれらの文献を除外して残った結果は、表2のとおりであった。「inter-meal」と霊長類の属名を検索語として検索した結果では、該当する文献が一件もなかった。そもそも食事時間が定まっていない野生の霊長類と「inter-meal」という単語の組み合わせは使われないのであろう。それに対して、「snack」という表現が使われた文献は少数ではあるがみつかった。

この検索結果から、先行研究における霊長類の「間食」について、ふたつの問題点が明らかになった。ひとつは該当する文献が極めて少なかったことから明らかなように、同じような事例が研究者によって観察されていたとしても、論文で「snack」として言及されていない可能性が高いことである。もうひとつの問題は多くの場合、「snack」の明確な定義がないままに使われていることである。英語のsnackは間食という意味だけではなく、軽食という意味でも使われており（図1）、観察者によって使われる意味合いが微妙に異なる。「snack」という記述が確認できた論文の中で、それが明確に定義されていたのはRothman et al.［2008］によるゴリラの論文だけであった。その定義は「Snackingは遊動、休息、遊び（子供の場合）の間の短時間の食物摂取で、この短時間の採食バウトの後、その活動が続けられるもの」［Rothman et al. 2008］であった。

以上のように先行研究における霊長類の「間食」の記述にはいくつかの問題があることを踏まえたうえで、以下では、具体的な事例について紹介していく。

表２　これまでに記述されたヒト以外の霊長類の snacking 行動

事例	特徴	場所	霊長類の和名	文献
1	動物食	アンボセリ国立公園（ケニア）	キイロヒヒ	Altmann & Altmann 1970
2	若葉の採食	ラヌマファナ国立公園（マダガスカル）	ミルンエドワードシファカ	Erhart & Overdorff 2008
3	地衣類の採食	横断山脈（中国雲南省）	ウンナンシシバナザル	Li et al. 2006
4	主食の合間の採食	パナマおよびペルー	ジェフロイタタマリン、エンペラータマリン、セマダラタマリン	Sussman & Kinzey 1984
5	主食の合間の採食	カケタ川流域（コロンビア）	クロクビタマリン	Izawa 1978
6	アリ食	マハレ国立公園（タンザニア）	チンパンジー	Nishida & Hiraiwa 1982
7	他の活動の合間の採食	ブウィンディ原生国立公園（ウガンダ）	ヒガシゴリラ（マウンテンゴリラ）	Rothman et al. 2012 Rothman et al. 2008
8	他の活動の合間の採食	ロマコ森林（コンゴ民主共和国）	ボノボ	Badrian & Malenky 1984
9	他の活動の合間の採食	ワンバ（コンゴ民主共和国）	ボノボ	Furuichi 2019
10	他の活動の合間の採食	ファゼンダ・ボア・ヴィスタ（ブラジル）	ホオヒゲオマキザル	Chalk et al. 2015
11	採食戦略としての snacking	マハレ国立公園（タンザニア）	チンパンジー	Matsumoto 2019
12	採食戦略としての snacking	ベレンティ保護区（マダガスカル）	ワオキツネザル	Rasamimanana & Rafidinarivo 1993

注：事例７の２つの文献は同一の第一著者で、記述内容もほぼ同じであったため、ひとつの事例として扱った。

事例1　動物食

ケニアのアンボセリ国立公園では、「ヒヒが卵、トカゲ、ひな鳥、昆虫をsnackした」［Altmann & Altmann 1970］と記述されていた。夜行性の小型霊長類を除き、霊長類の多くは植物を主な食物としている。そのような霊長類でも機会に応じて、小型動物を捕まえて食べることがある。動物が主要な食物とならないのは、体の大きな霊長類にとっては量が少ない割に、発見して、捕獲する効率が悪いので、十分なエネルギー量を得ることが難しいからだろう。しかし、動物は高カロリー、高タンパク質の良質な食物であるので、機会があれば捕まえようとするのだと考えられる。野生のワオキツネザルも、セミ、バッタ、イモムシなどを食べるし、カメレオンを採食することすらある［Ichino & Rambeloarivony 2011］。特に小動物は他の食物を探索している最中にみつかることが多いので、食事の合間にちょっとつまむ食物のようにもみえるだろう。屋久島のニホンザルにも「歩きながらパッとつかんだり、巻いている葉を開いたり、枯れ葉の中を壊したりして、昆虫やクモを食べる」［丸橋　一九八六：一九］という「間食」に相当すると思われる動物食の記述がある。

事例2　若葉の採食

マダガスカルのラヌマファナ国立公園では、「ミルンエドワードシファカが若葉をsnackした」［Erhart & Overdorff 2008］という記述があった。若葉は季節の変わり目に芽吹いて、成熟した葉になるまでの短い期間にしか食べられないものである。細胞壁の成分であるセルロースの蓄積が少ないため、柔らかい。栄養学的にも消化を阻害する食物繊維が少なく、高タンパクという特徴をもつため、動物が好んで食べる。ベレンティ保護区のワオキツネザルも南半球の春にあたる一一月頃、落葉した後に一斉に芽吹く、赤い色のタマリンドの若葉を好んで食べる。タマリンドの場合は巨木が多いので、量も多く、間食という感じはしないが、植物によっては芽吹きはじめに少しずつ若葉を食べる様子が間食しているようにみえるのかもしれない。

事例3　地衣類の採食

中国雲南省の横断山脈に生息するウンナンシシバナザルが地衣類を食べる行動がsnackingとして記述されている［Li et al. 2006］。ウンナンシシバナザルは夜間や朝起きたときに地衣類を食べるという。そして、この行動は栄養不足を補う目的のためだと解釈されている。ウンナンシシバナザルが生息する場所は過酷な環境であり、地衣類を採食することで栄養の不足を補っているらしい。同じように過酷な環境、例えば高地、乾燥地域、豪雪地帯などに生息する霊長類は報告されていないだけで、同様のsnackingをしている可能性がある。また、近年、昼行性霊長類の夜間の活動について複数の種で報告されている（例えば、ニホンザル＝［Hanya et al. 2018］、ハイイロシシバナザル＝［Tan et al. 2013］）。ワオキツネザルもしばしば夜間に活動することが知られているが［Donati et al. 2013; LaFleur et al. 2014］、そのような状況で食物を口にしたとき、snackingとみなされる可能性はあるだろう。

事例4、5　主食の合間の採食

パナマとペルーに生息するタマリンは、一種類の好みの植物の採食に集中して、他の食物はsnackingするだけだと記述されている（事例4）［Sussman & Kinzey 1984］。また、南米コロンビアのクロクビタマリンは、昆虫食の合間にしばしばsnackとしてのみ樹脂を食べた（事例5）［Izawa 1978］と記述されている。これらの事例では、ある種の植物や昆虫といった、好んで食べる食物の合間に少しだけ食べる食物という意味で記述されたようだ。

事例6　アリ食

動物による道具使用の例として有名なチンパンジーのアリ釣りであるが、マハレ国立公園ではアリの採食は「栄養補給のためというよりsnackである」［Nishida & Hiraiwa 1982］と記述されていた。ここでのsnackはたいして栄養がないが、好んで食べられるスナック菓子のような意味で使われているようだ。このように、事例4から事例6では、栄養摂取としてはそれほど重要ではない食物としてsnackが記述されており、事例1から事例3で、少量であっても栄養補給のためとみなされていたのとは対照的である。

事例7〜10　他の活動の合間の採食

事例7から事例10までの四事例では、特定の食物に注目したものではなく、移動や休息の途中に現れる短時間の採食がsnackingとして記述されていた。事例7では「(Rothman et al. 2008を引用する形で)マウンテンゴリラは、遊動中にsnackする」［Rothman et al. 2012］、事例8では「ボノボは、葉柄や新芽をsnackするために立ち止まり、そして移動する」［Badrian & Malenky 1984］、事例9では「ボノボは、移動しながら、あちこちでsnack（植物の茎や葉）を食べる」［Furuichi 2019］、そして事例10では「ホオヒゲオマキザルは、休息中に根や草などの食物を自由にsnackingする」［Chalk et al. 2015］と記述されていた。これらの記述は、いずれも先に述べたRothman et al.［2008］の定義に該当する。こうした行動は他の多くの霊長類の種でもみられると思われるが、おそらく観察されてもsnackingとして記述されてこなかったのではないだろうか。実際に、これらの行動はベレンティ保護区のワオキツネザルにも当てはまるが、論文の中でsnackingとして記述されたことはないと思われる。

事例1から事例6では、特定の食物が研究者に注目されて、それを少量食べる行動がsnackingとして記述され、解釈されていたのに対し、事例7から事例10は食べていた食物ではなく、食べた場面が注目されている点で異なっている。

事例11、12　採食戦略としてのsnacking

最後に、snackingを採食行動の理論の中で位置づける記述がされた事例をふたつ紹介する。ひとつは、マハレ国立公園のチンパンジーの未成熟個体によるsnackingである（事例11）［Matsumoto 2019］。子供は大人よりも体重あたりのエネルギーが多く必要とされるが、胃の容量によって一回に食べられる量が制限される。そのため、チンパンジーの子供は自身の置かれた状況に応じて、利用できる食物を機会主義的に食べる。この採食が少量をその都度短時間食べるsnackingであるという。

もうひとつの事例（事例12）では、ベレンティ保護区のワオキツネザルのメスが出産期にsnackingした行動について述べている［Rasamimanana & Rafidinarivo 1993］。ワオキツネザルのメスは出産後、授乳によってエネルギー要求が増加するが、ある群れではこの時期に利用可能な果実が減少していた。その群れのメスはエネルギーを節約しつつ、断続的にsnackingをおこなっていたという。

これらふたつの事例に共通しているのは、社会生活を送る霊長類の個体の属性や群れによる採食戦略の違いに着目している点である。群れで生活する霊長類では、ともに移動と採食を繰り返すため、どうしても群れや個体によって必要な量を食べられない場面が生じる。こうした社会的に生じる間食は群れで暮らす動物に固有の行動と思われる。

以上の一二事例でみてきたように、ヒト以外の霊長類のsnackingとして報告された事例は大きく三つに分けられる（表2）。ひとつは、主要な食物とは異なる食物を少量食べる行動（事例1から事例6）、ふたつ目に、他の活動の合間にみられる少量の食物摂取（事例7から事例10）、最後に、霊長類の採食戦略の視点から記述された少量・短時間の採食（事例11と12）である。なお、これらの区分は、研究者による記述の違いであり、着目する点が違うだけなので、相互に排他的な区分ではない。

3　ベレンティ保護区のワオキツネザルの「間食」

検索結果から明らかなように、ヒト以外の霊長類の「間食」に相当する行動は多くの場合、実際には研究者に観察されながら記述されていない可能性が高いと思われる。そこで、ここからは筆者が一九九八年以降、断続的に観察を続けてきたマダガスカル南部ベレンティ保護区のワオキツネザルの「間食」と思われる行動を紹介する。筆者が「間食」に相当すると考える行動を列挙することで、先行研究の報告から抜け落ちていると思われるものを拾い上げたい。

まず、ワオキツネザルの採食において最も「間食」に近いと思われる行動は、土食い（geophagy）である。ワオキツネザルは樹上などで採食した後、しばしば地上を歩いて長距離移動する。その途中で頻繁に地面の土を食べる（写真1）。量としては少量であるので、まさに「間食」の定義に一致するが、snackとして記述されることはなかった。頻繁にみられることから何らかの意味がある行動であると思われるが、その適応的意義はまだわかっていない。西田［二〇〇八：一三二－一三三］によると、土食いは多くの霊長類で報告されており、その役割には主に三つの仮説がある。すなわち、（1）ミネラルを摂取する説、（2）植物に含まれる毒物を吸着させて排出する説、（3）アシドーシス（血液が酸性傾向

写真1　土を食べるワオキツネザル
マダガスカル　ベレンティ保護区、2000年

写真２　オオベニハゴロモの成虫（写真上方）と若虫（写真下方）
マダガスカル　ベレンティ保護区、2012 年

になる状態）を防ぐ説の三つである。ワオキツネザルの土食いの適応的意義を調べるにはさらなる研究が必要であるが、このような「間食」は摂取量が少量であっても重要な意味があるようだ。

また、コンクリートでできた人工物や植物の樹皮などをなめる行動もベレンティ保護区のワオキツネザルにはよくみられる。この理由もわかっていないが、「間食」とみなせるだろう。なめる行動の中でも特に重要だと思われているのが、アオバハゴロモ科のオオベニハゴロモ（写真2）の分泌物（甘露）をなめる行動で、頻繁に観察されている。おそらく甘いために好んでなめていると思われ、まさに「間食」的な採食に相当すると思われる。

それから、土食い以外にも移動中に少量の食物を食べることがある。しかも、それは少量しか利用できない食物に限ったわけではない。例えば、ベレンティ保護区の優占樹種であるタマリンドの低木の葉を少しだけ食べるのを観察したことがある。こうした行動からワオキツネザルは短い時間でも機会をみつけて、できるだけ多くの食物を食べようとしているようにみえる。それは果実が不足する季節には顕著で、ワオキツネザルは雨季の終わりに地面に落ちているインドセンダンの果実をつまんで食べることがある。インドセンダンの果実は雨季に結実するが、大量に結実した年には食べ尽くされず、地上に落下して残っている。同様に、乾季に結実するタマリンドの果実が乾季の終わりに地上に落ちていることがあり、食物が不足するときには、ワオキツネザルはそれらを拾って食べている（口絵参照）。

そうかと思えば、普段あまり目にしない植物を少量だけ食べることもある（写真3）。それは、できるだけ多様な食物を食べるために、新たな食物を試食しているようにもみえる。ベレンティ保護区では、人為的に植栽された植物の多くがすでにワオキツネザルの採食品目として記録されている［Simmen et al. 2006］。

写真３　植栽された低木の葉を食べるワオキツネザル
マダガスカル　ベレンティ保護区、2012年

4　ヒト以外の霊長類の「間食」の適応的意義とヒトの間食

ここまで、先行研究におけるヒト以外の霊長類の「間食」とワオキツネザルにおける「間食」の事例を紹介してきた。ここでは、それを踏まえて霊長類の「間食」の適応的意義とヒトの間食との関連について検討する。

本章で紹介した事例の一部は、特定の食物を食べた事例（事例1から事例6や土食い、コンクリートやオオベニハゴロモの分泌物をなめる行動）であり、そうした行動には特定の栄養補給等の適応的意義があるようである。土食いなどは研究者に注目され、具体的な仮説も出されている。

しかし、土食いのように少量の採食であっても重要な意味をもつ「間食」はむしろ特殊な事例で、これまでに記述された多くの「間食」の事例は、食物を効率よく摂取するための、霊長類の採食行動の中で生じた短時間の採食のようである。移動や休息の途中に現れる短時間の採食（事例7から事例10）や採食戦略としてのsnacking（事例11、12）も、不足する栄養を補うための行動とみなすことが可能である。

ただし、少量であるがゆえに、それが本当に「補食」であるのかは疑いがある。ヒトの間食を考えればわかるように、栄養状態と間食の有無は必ずしも関連がないかもしれないからである。むしろ、ワオキツネザルを観察していると、栄養状態にかかわらず、機会があれば短時間の採食を試みているようにみえる。また、「間食」による摂取量は一日の摂取量全体の中でみれば、とるに足らない量かもしれない。

それでも「間食」とみなされる短時間の採食がみられる理由は、霊長類にはしばしば機会主義的な採食行動（opportunistic feeding behavior, 日和見主義的な採食行動ともいう）が伴うからかもしれない。機会主義的な採食行動とは、食物の選択性が低く、そのときに利用できる食物を場当たり的に採食する行動である。すでに紹介したチンパンジーの未成熟個体の採食（事例11）やワオキツネザルのメスの採食（事例12）はこれに相当すると思われる。このように、少なくとも一部の霊長類には採食できる機会があれば少量であっても採食する傾向があるようだ。利用できる食物の量が種内、種間の競争によって常に変動している野生の霊長類にとっては、食べられる機会を逃すと後に必要な栄養を十分に摂取できない状況が生じるおそれがあるためであろう。

アジアに広く分布するマカク属の種やワオキツネザルは「雑草種（weed species）」と呼ばれ、新しい環境に対する高い適応性を示す［Richard et al. 1989; Gould et al. 1999］。これらの種は、環境に応じて柔軟に食性を変えるという特徴をもち、新たな食物（novel food）を食物レパートリーに取り込むことができる。こうした新たな食物を取り込む過程で機会主義的採食の傾向が役立っていると思われる。そして、ヒトの高い環境適応力も雑草的種であった結果である可能性がある［Meindl et al. 2018］。

どうして霊長類には機会主義的な採食がみられるのであろうか。おそらく群れで暮らしていることが関連しているだろう。群れで暮らしている霊長類は行動域内を群れメンバーでまとまって移動を繰り返している。また、なわばりをもつなど、群れ間は敵対的であることが多く、群れによって利用できる食物も制限されている。このように、群れで暮らす動物では、しばしば自分にとって適切なタイミングで採食できない状況が生じうる。つまり、動物にとって採食行動は極めて社会的な行動でもあるのだ。

イギリスの霊長類学者リチャード・ランガムは、ヒト属で脳が急速に巨大化した時期と歯が小さくなった時期が重なることから、こうした形態上の変化を人類が調理をするようになった結果であると考えた[Wrangham 2009]。この仮説が正しいとすると、この時期に初期の人類は調理によって効率よく食物を消化・摂取できるようになったはずで、食事時間や消化時間が大幅に短縮されたと思われる。野生チンパンジーの研究を長年にわたり続けた西田利貞も現代人の食事がヒト以外の霊長類と異なっているのは、食事時間が短いことであると指摘している[西田二〇〇八:一六二]。

こうして、これまで食物探索の時間や消化に費やされてきた休息時間も利用できるようになり、空腹の時間が生じることになった。この空腹の時間と霊長類に広くみられる機会主義的な採食行動が結びついた結果、人類における間食が生まれたのかもしれない。

ヒトは調理技術を発達させることによって、年齢や性別、健康状態など個人によって必要な栄養が異なる人々が共食できるようになった。これによって食事時間を決めて、それに合わせることが可能になったといえる。それにもかかわらず、食事時間から逸脱した間食が生じるのは、食の多様性を広げることで新たな環境に適応してきたヒトの機会主義的な採食行動の名残とみなすことはできないであろうか。この仮説には初期人類が実際に機会主義的な採食者であったという証拠が必要であろう。

参考文献

新村出(編)(二〇〇八)『広辞苑』第六版 机上版(あ-そ)、岩波書店。
中川尚史(一九九四)『サルの食卓――採食生態学入門』平凡社。
西田利貞(二〇〇八)『新・動物の「食」に学ぶ』京都大学学術出版会。

日本モンキーセンター霊長類和名編纂ワーキンググループ（二〇一八）『日本モンキーセンター 霊長類和名リスト 二〇一八年一一月版』https://www.j-monkey.jp/publication/specieslist/JMC-PrimateSpeciesList-Nov2018.pdf

丸橋珠樹（一九八六）「ヤクザルの採食生態」『屋久島の野生ニホンザル』丸橋珠樹、山極寿一、古市剛史（共著）一三一－五九頁、東海大学出版会。

山田忠雄 ほか（編）（二〇〇五）『新明解国語辞典』第六版 机上版、三省堂。

Altmann, S.A. & Altmann, J. (1970) *Baboon Ecology: African Field Research.* University of Chicago Press.

Badrian, N., & Malenky, R. K. (1984) Feeding ecology of *Pan paniscus* in the Lomako Forest, Zaire. In: *The Pygmy Chimpanzee: Evolutionary Biology and Behavior*, pp. 275–299, Plenum Press.

Chalk, J., Wright, B. W., Lucas, P. W., Schuhmacher, K. D., Vogel, E. R., Fragaszy, D., Visalberghi, E., Izar, P., Brian, G., Richmond, B. G. (2015) Age-related variation in the mechanical properties of foods processed by *Sapajus libidinosus. American Journal of Physical Anthropology*, 159(2): 199–209.

Donati, G., Santini, L., Razafindramanana, J., Boitani, L., & Borgognini-Tarli, S. (2013) (Un-) expected nocturnal activity in “diurnal” *Lemur catta* supports cathemerality as one of the key adaptations of the lemurid radiation. *American Journal of Physical Anthropology*, 150(1): 99–106.

Erhart, E. M., & Overdorff, D. J. (2008) Spatial memory during foraging in prosimian primates: *Propithecus edwardsi* and *Eulemur fulvus rufus. Folia Primatologica*, 79(4): 185–196.

Furuichi, T. (2019) *Bonobo and Chimpanzee: The Lessons of Social Coexistence*. Springer.

Gould, L., Sussman, R. W., & Sauther, M. L. (1999) Natural disasters and primate populations: The effects of a 2-year drought on a naturally occurring population of ring-tailed lemurs (*Lemur catta*) in southwestern Madagascar. *International Journal of Primatology*, 20: 69–84.

Hanya, G., Otani, Y., Hongo, S., Honda, T., Okamura, H., & Higo, Y. (2018) Activity of wild Japanese macaques in Yakushima revealed by camera trapping: Patterns with respect to season, daily period and rainfall. *PLoS One*, 13(1): e0190631.

Ichino, S., & Rambeloarivony, H. (2011) New cases of vertebrate predation by the ring-tailed lemur (*Lemur catta*), with reference to differences from *Eulemur* species and other primates. *African Study Monographs*, 32(2): 69–80.

Izawa, K. (1978) A field study of the ecology and behavior of the black-mantle tamarin (*Saguinus nigricollis*). *Primates*, 19: 241-274.

LaFleur, M., Sauther, M., Cuozzo, F., Yamashita, N., Jacky Youssouf, I. A., & Bender, R. (2014) Cathemerality in wild ring-tailed lemurs (*Lemur catta*) in the spiny forest of Tsimanampetsotsa National Park: Camera trap data and preliminary behavioral observations. *Primates*, 55: 207–217.

Li, D., Grueter, C. C., Ren, B., Zhou, Q., Li, M., Peng, Z., & Wei, F. (2006) Characteristics of night-time sleeping places selected by golden monkeys (*Rhinopithecus bieti*) in the Samage Forest, Baima Snow Mountain Nature Reserve, China. *Integrative Zoology*, 1(4): 141–152.

Matsumoto, T. (2019) Opportunistic feeding strategy in wild immature chimpanzees: Implications for children as active foragers in human evolution. *Journal of Human Evolution*, 133: 13–22.

Meindl, R. S., Chaney, M. E., & Lovejoy, C. O. (2018) Early hominids may have been weed species. *Proceedings of the National Academy of Sciences*, 115(6): 1244–1249.

Nishida, T., & Hiraiwa, M. (1982) Natural history of a tool-using behavior by wild chimpanzees in feeding upon wood-boring ants. *Journal of Human Evolution*, 11(1): 73–99.

Rasamimanana, H. R., & Rafidinarivo, E. (1993) Feeding behavior of *Lemur catta* females in relation to their physiological state. In: *Lemur Social Systems and Their Ecological Basis*, pp. 123–133, Springer.

Richard, A. F., Goldstein, S. J., & Dewar, R. E. (1989) Weed macaques: The evolutionary implications of macaque feeding ecology. *International Journal of Primatology*, 10: 569–594.

Rothman, J. M., Chapman, C. A., & Van Soest, P. J. (2012) Methods in primate nutritional ecology: A user's guide. *International Journal of Primatology*, 33: 542–566.

Rothman, J. M., Dierenfeld, E. S., Hintz, H. F., & Pell, A. N. (2008) Nutritional quality of gorilla diets: Consequences of age, sex, and season. *Oecologia*, 155: 111–122.

Simmen, B., Sauther, M. L., Soma, T., Rasamimanana, H., Sussman, R. W., Jolly, A., Tarnaud, L. & Hladik, A. (2006) Plant species fed on by *Lemur catta* in gallery forests of the southern domain of Madagascar. In: *Ringtailed Lemur Biology*: Lemur catta *in Madagascar*, pp. 55–68, Springer.

Sussman, R. W., & Kinzey, W. G. (1984) The ecological role of the Callitrichidae: A review. *American Journal of Physical Anthropology*, 64(4): 419–449.

Tan, C. L., Yang, Y., & Niu, K. (2013). Into the night: Camera traps reveal nocturnal activity in a presumptive diurnal primate, *Rhinopithecus brelichi*. *Primates*, 54: 1–6.

Wrangham, R. (2009) *Catching Fire: How Cooking Made Us Human*, Profile Books.

第Ⅱ部
間食の民族誌

第2章　アフリカ狩猟採集民にとっての間食とは

池谷和信

1　はじめに

今から三〇年も前に、筆者が滞在していたカラハリ砂漠のサン（ブッシュマン）のキャンプ地でのことである。サンの男性が、日中、キャンプ地の近くから採集してきた一個の野生スイカを食べ始めた。直径が三〇センチメートルほどの縞《しま》模様の入ったスイカを抱えて、掘棒で上から皮の部分をさいて、なかの果肉をザクザクと砕き、掘棒をスプーンのようにして食べていた。はたして、このスイカはサンの人々にとっての間食なのだろうか。

これには、「人間にとって間食とは何か」という問いを考えなくてはならない。間食は、毎日の規則的な食事の間の補完的な食事である。しかし、本当にそれは補完的なのだろうか。狩猟採集民とは、歴史的にみて狩猟や採集や漁撈などを組み合わせて生計を立ててきた人々である。しかしながら、現代の地球では、それらのみで暮らしている人はほとんどいない。農耕や家畜飼育や民芸品生産などの生業を組み合わせたり、自然産物の交易や商品の販売によって現金を獲得したり、国の食糧援助を受けている人々も少なくない。

筆者は、これまで世界の狩猟採集民の食を対象にして、肉食や主食などをテーマに狩猟採集民の食の人類史を展望してきた［池谷 二〇一八、二〇二二］。そこで気がついたのは、極北から熱帯地域まで緯度の違いに応じて依存している食の中身が違う点である。ロシア極北の海岸に暮らすチュクチは、世界のなかで最も多量の肉に依存している肉食中心の人々である［池谷 二〇二二］。かつてはセイウチ肉が主食となり、とくに冬の狩猟キャンプでは食料が限られているために、間食となる食べ物が存在していなかった可能性がある。

図１　アフリカ狩猟採集民が生活する集落（対象地）

一方で、低緯度の乾燥帯アフリカに暮らすカラハリ狩猟採集民の場合は、植物食が中心である。一年を通じて食物の中心を占めるような植物は見出しにくく、季節に応じて数種類の植物を中心的な食物、メジャーフードにしている。この章では狩猟採集民の間食が存在するのか、するとしたらその内容は何かを把握して、その社会的役割について考察する。

ここでは、ボツワナのサンにおける食の事例に焦点を当てる。前半で間食を理解するための枠組みを提示して、後半では一九八七年から二〇一〇年頃までに断続的に行われた筆者によるサンの現地調査のなかでの間食体験を紹介する。そして、アフリカの狩猟採集民の間食についてより広く把握するために、サン以外の狩猟採集民の事例と比較する。サンの食について詳細に把握できるようになったのは、一九六〇年代以降に生態人類学の研究が開始されてからである。なかでもボツワナは、世界で最も詳細な食の民族誌が書かれている国の一つである。一九七〇年前後のボツワナ中部のサンの場合、年間の食の内容はウリ類、豆類、そして根茎類を組み合わせており、利用度の高い「メジャーフード」としては一一種の植物が知られている［田中 一九七七］。

2　遊動生活と間食

ボツワナ中部のサンの場合、八〇種以上の植物性食物を利用しているといわれる［田中 一九七七：九三］。これが正しいならば、一一種のメジャーフードを差し引いた六九種以上は、それぞれの頻度や量は異なるけれども間食の際に食べられる可能性を持つことになる。動物の肉の場合は、時には多量の肉が獲得されて肉中心の食事になる場合もあるが、その肉の大部分は間食のなかで食べることになる。そしてサンが暮らす自然環境の違いや降雨の状況などに応じて植物の生育が異なるので、それらに応じて間食の対象となる植物や動物の中身が異なることになる。

ボツワナ中部のサンの場合（図1）、間食の対象となりえる植物はマイナーフードの九種、補足的な食べ物が一五種、まれな植物が二五種など、五〇種類以上は間食として食べてこられた。一方で、ボツワナ北西部のサンの場合（図1）、年中、安定して入手でき食用にできる主食のような食べ物が一種、メジャーフードは一三種あることに加えて、マイナーフードが一九種類、補足的な食べ物が三〇種、まれな植物が一九種となっている［Lee 1979］。両者の違いは、年間降水量が多い北西部ではモンゴンゴの高木（写真1）から採れるナッツが利用できるのに対して、中部では年間降水量が少ないために利用可能な植物種が限定されていたことであろう。

写真1　モンゴンゴの高木
果肉、ナッツを食用とする。ボツワナ、1988 年

また、動物食の場合は、どうだろうか。とくに野生動物の肉は、タンパク源として欠かせない。上述した極北ロシアやその他の地域ではトナカイやセイウチなどの動物の肉が主食になっている地域がみられる。一方で、アフリカのサンの場合

は中部で四八種、北西部で五五種の野生動物が利用されてきた。その中身は、哺乳類《ほにゅう》が中心だが爬《は》虫類《ちゅう》や鳥類まで食材として利用されている。しかしながら、中部の場合、サンが食べないものもある点に注意をしておこう。まずライオンは、サンが最も恐れている動物であり、彼らがその肉を食べているのをみたことがない。ヒョウは食べたという人に出会ったが、おいしくないという評価であった。

ここで、筆者の経験したキャンプでの暮らしを紹介しよう。キャンプで一番に大変な点は、水を獲得することである。とくにそれが乾季の場合、井戸や地表水はないので野生スイカに水分の供給源の一つを頼らざるをえなくなる［池谷 二〇一四］。現地の助手によれば、日中は日陰で休んでいて、あまり体力を使わない方がよいという。二個の野生スイカが、一人当たりの水の供給源になる。この時には、キャンプの食では、野生の根茎類、そして政府により配給されるトウモロコシ粉も食の重要な部分になっていた。野生スイカもまたしかりである。水の供給源であると同時に栄養素の補給をしている。ここで、間食といえばたまに捕獲される動物の肉である。これは、彼ら彼女らにとっておいしいものと評価されていて、間食を楽しんでいる。

以上のように、間食は、主食が存在してはじめて意味を持つ用語であるが、狩猟採集民の場合、メジャーフードの植物性食物を主食に近いものとし、それらの間の食を間食とするならば、サンの社会には多種類の食材から構成される間食が存在することになるであろう。

3　定住生活と間食

サンが食材にするのは動植物だけではない。ここでは、サンによる昆虫食をとりあげる。中部のサンの場合、シロアリ目四種、バッタ目三種、コウチュウ目一種、チョウ目七種、ハチ目三種の計一八種の生き物が食用する昆虫に該当する［野中 二〇〇五］。

筆者が、ボツワナのハンシー県カデ集落に滞在していた時、雨季の二月下旬にギューノーと呼ばれるイモ虫が大発生したという情報が入った。隣のキャンプの女性が、家の建築材料となる草を捜し求めていた時に大量のイモ虫を見たのだという。そして、複数のキャンプから一〇名の女性が集まりイモ虫採集に出かけることになった［池谷 一九九四］。集落から一時間半ぐらい歩いて、目当ての場所に着いた。

そこには、黄緑色のイモ虫が多量にいるのを観察できた。これは、スズメガ幼虫のギューノーである。女性は、腰をまげてイモ虫を採集して親指と人差し指で腹をさいてなかの液を捨てたあとに空き缶に入れる（口絵参照）。採集して一〇分余りでイモ虫は山積みになり、採集キャンプで天日乾燥をすることになった。その後、乾燥したイモ虫をむし焼きにすれば食べることができる。結局、この採集行は二泊三日であったのだが、約一五キログラムの干しイモ虫をとることができた。これらのイモ虫は、集落でのおやつのような存在であるだけではなく、来客へのもてなしや知り合いへの贈り物にも利用された。

　サンの昆虫食は、食用昆虫が主食的、副食的、調味料的の三つに分類されることが知られている［野中　二〇〇五］。ギューノーを大量に採集した場合、そればかりを食べて腹をみたす主要食料的な用い方をするという。本稿でのギューノーの事例は、年度による変化はあるものの昆虫食のなかでは中心的な位置づけにあると言ってよいであろう。

写真２　捕獲されたひな鳥
ボツワナ、1993年

　つぎに、サン語で〝ホビー〟と呼ばれる鳥の捕獲を紹介しよう。筆者の滞在時期に、別のキャンプの男性から、筆者のいるキャンプに情報が入った。この鳥がホビーと呼ばれる鳥で、巣をつくる木が決まっていて、今年はたまたまカデ近くに巣をつくったのだという。現場に行くと、高さ二〜三メートルのアカシアの樹木におおわれ、それぞれの木には二〜三個の巣がつくられていた。アカシアはトゲが多いので、木を切ってから巣をはずし、巣のなかから三〜四羽のひな鳥を手でつかんで袋に入れた。キャンプにもどると、数キログラムのひな鳥の羽根をむしり内臓を取り出して三脚鍋で煮てから、肉はキャンプの内外に分配されていく。

　また、別の鳥である〝ギー〟の場合には、小さなサイズのはね罠を使って捕獲される。私の調査中、犬を使った猟の途中に鳥の卵を見つけたので、その親鳥をねらって罠が仕掛けられた。親鳥が帰ってくると、ロープがはねる仕掛けになっている。そして、捕獲した親鳥は集落に持ち帰られて、羽根をむしり煮込まれた。この鳥の肉の量は多くはなく、家族のなかで食べられた。

このような虫や鳥の事例は、間食となる食材の特性をよく示している。まず、毎年、これらの食材は、必ず同じ時期に同じ場所で採集や狩猟をすることができるとは限らない点である。気まぐれな降雨の影響も受ける。このため、イモ虫や鳥の巣や鳥の卵をたまたま見つけたり、最新の情報をたまたま知人から聞いたりしたので獲得できたという。食材を獲得することの不安定性が間食の特徴である。つぎは、サンがこれらの食材をおいしいと評価している点である。たまにしか食べられないということが、食生活のアクセントとなり、生活にうるおいや楽しさを与えている点が特徴である。

4　他の狩猟採集社会との比較——間食の地域性

ここでは、サン以外のアフリカの狩猟採集社会における食や間食についてみてみよう。

まず、中部アフリカに広く暮らすピグミーの場合、生活様式と食は密接に関係している。現在のピグミーは、コンゴ盆地の東から西まで広く分布するが、その大部分が農耕民との共生関係を維持しており、農作業を手伝い、その労働の対価としてキャッサバほかの農産物を獲得することができた。なかでも一九八〇年頃のムブティの人々の場合、多くの農作物を食べている。その割合は、食べ物の六割に相当するという〔市川　一九八二〕。あるキャンプ（四五人で構成）での一二三日間の記録では、村で獣肉と交換したバナナやキャッサバが七三五キログラム、交易人が約五〇キログラムの米を運んできたという。ピグミーは、労働の対価として農耕民からもたらされたキャッサバやバナナを中心にして、ダイカーのような獣肉、季節に応じてハチミツや魚なども食べている。現代のバカ・ピグミーの人々の場合は、一日に朝夕の二食をとり、その内容は自らが焼畑でつくるプランテン・バナナやキャッサバが多い〔彭二〇一四〕。ここで、間食とは、キャッサバやバナナ以外のものが対象になるであろう。

一方で、マダガスカルのミケアの場合は、間食を認定することが難しい。彼らも自らの畑を利用してキャッサバほかの作物をとるのみならず、ハチミツや各種の植物も利用してきた。例えば、〝バブ

写真3　〝バブー〟と呼ばれる水分を多く含む根茎
マダガスカル、2008年

写真4　乾燥させたキャッサバ
マダガスカル、2008年

ー〃と呼ばれる植物は地中で生息していて、多量のバブーの採集が行われてきた。このバブーは、上述したカラハリ狩猟採集民にとっての野生スイカのような存在である。とくに乾季における水の供給源になると推察される。

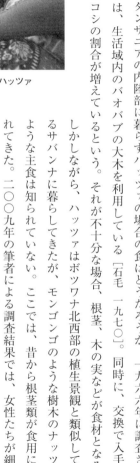

さらに、タンザニアの内陸部に暮らすハッツァの場合の食はどうだろうか。一九六六年に調査されたハッツァは、生活域内のバオバブの大木を利用している〔石毛 一九七〇〕。同時に、交換で入手したトウモロコシの割合が増えているという。それが不十分な場合、根茎、木の実などが食材となる。

写真5 キャンプで根茎類を調理するハッツァ
タンザニア、2009年

しかしながら、ハッツァはボツワナ北西部の植生景観と類似しているサバンナに暮らしてきたが、モンゴンゴのような樹木のナッツのような主食は知られていない。ここでは、昔から根茎類が食用にされてきた。二〇〇九年の筆者による調査結果では、女性たちが細長いイモを細長い木とまぜて加熱したあとに食用にしている。現在のハッツァは、孤立した暮らしをしているわけではなく、ダトーガの人々と、ハチミツと交換することによってトウモロコシの粉も入手する。その結果、ここでは根茎類がメジャーフードではなくて間食化してきたと推察される。

ハチミツは、彼らにとってのおやつであるかもしれない（口絵参照）。ハチミツは、多量に獲得できれば交換品にもなるし、彼らにとっておいしいものであると位置づけられている。ただ、確実にハチミツを採取できるわけではない。猟の途中に出くわすと、猟を中断してハチミツの獲得に集中することになる。高さ数メートルの樹木の幹をナタでこわして、なかの巣からハチミツを取り出す。

以上のようにアフリカの狩猟採集民の食を紹介することから間食についてみてきたが、サン以外の社会でも主食となる食材を見出すことは難しい。ただ、メジャーフードはみられ、それらの間の食を間食とすると、間食は存在するとみなすことができる。

5　間食の役割を考える

これまで本稿では、カラハリ狩猟採集民のサンを中心にしてアフリカの狩猟採集民の食と間食をとりあげて、間食となる食材の内容や獲得方法をみてきた。ここでは、これらのことからアフリカ狩猟採集民の暮らしのなかで間食とは何かを考えてみたい。

まず、一人一日当たりの間食の摂取量をみると多くはない点が特徴である。また、十分な検証ができていないが、間食になる食材のなかに人の健康に良いと思われる栄養素が含まれている可能性が高い。また、間食が生活にうるおいを与えることもみられる。本事例のような、定住化した現代の狩猟採集社会では、生業のなかに畑作農耕が導入されていることが多く、ミケアの事例におけるキャッサバのような栽培作物が主要な食物になっている。この場合、もともと食物の中心にあった根茎類の地位が低くなっている。

最後に、人類史のなかでの間食の起源について考えてみたい。私たちホモ・サピエンスは、約三〇万年前にアフリカで誕生したといわれる。当時から、間食は存在したと考えている。現時点では十分な整理ができていないが、獲物の獲得が最も重要な活動になるが、食べる時は間食である可能性が高い。

アフリカの狩猟採集民は、乾燥から湿潤までの異なる環境に応じて、メジャーフードとマイナーフードとを組み合わせて生きてきた、すなわち主食のようなものと間食とを組み合わせて、多様な栄養素を摂取して自らの身体を維持してきたことで、先史時代から現在まで食の生存適応をしてきたといえる。つまり、アフリカ狩猟採集民の間食とは、我々日本人がイメージする嗜好品とは違い、常に入手できるものではない食材と考えられ、また朝夕の常の食事のタイミング以外でとる食物と考えられる。

参考文献

池谷和信（一九九四）「二一世紀の狩猟採集民——ボツワナ、サン社会の事例から」『季刊民族学』六八（二）：一〇四‐一一四。

池谷和信（二〇一四）『人間にとってスイカとは何か——カラハリ狩猟民と考える』臨川書店。

池谷和信（二〇一八）「現代の「狩猟採集民」にとっての肉食とは何か」野林厚志（編）『肉食行為の研究』二一二‐二

三八、平凡社。
池谷和信（二〇二一）「狩猟採集民の食――先史から現在まで」池谷和信（編）『食の文明論』四三－六九頁、農山漁村文化協会。

池谷和信（二〇二二）『トナカイの大地、クジラの海の民族誌――ツンドラに生きるロシアの先住民チュクチ』明石書店。

石毛直道（一九七〇）「マンゴーラ村における四つの生活様式」今西錦司・梅棹忠夫（編）『アフリカ社会の研究　上巻』六五－一〇〇頁、西村書店。

市川光雄（一九八二）『森の狩猟民――ムブティ・ピグミーの生活』人文書院。

田中二郎（一九七七）『第二版　ブッシュマン――生態人類学的研究』思索社。

野中健一（二〇〇五）『民族昆虫学――昆虫食の自然誌』東京大学出版会。

彭宇潔（二〇二四）「ピグミー系狩猟採集民（中部アフリカ熱帯林）」野林厚志（編）『世界の食生活』二六－三一頁、医歯薬出版。

Lee, R. (1979) *The !Kung San: Men, Women, and Work in a Foraging Society.* Cambridge University Press.

第3章　モンゴル遊牧民の食べ方

間食と食事の区分はあるか

石井智美

はじめに

ヒトが生きていくために必要なエネルギー量は、時代や地域にかかわらずある程度同じであるが、生活環境や価値観、宗教によって利用する食品は様々である［佐原 一九九六、石毛 二〇一二］。日本に暮らす我々は現在、一日三回の食事を摂っているが、それは夜間に明かりがともり、活動時間が拡大した江戸期の後半になってからだ［大久保 二〇一二］。

決められた食事と食事の間の空腹を埋めるために、簡易な軽食や、甘い菓子類などの間食を摂るようになった。子どもにとって間食は補食として欠かせないものであり、大人ではちょっとした楽しみ、気分を変えてしばし休養を取るといった役割もあった。

筆者がこれまで調査を行ってきたモンゴル遊牧民の食は、動物性食品の摂取割合が高い。そうした食事に間食はあるかを報告する。

1　モンゴル遊牧民と暮らし

遊牧民は、「モンゴル五畜」（ヒツジ、ヤギ、ウシ、ウマ、ラクダ）と呼ばれる家畜を、病気、災害などの危機回避を目的に、複数種を一緒に飼ってきた。ヒトが家畜の生活サイクルにあわせ移動しながら暮らしてきた。

一三世紀初頭にチンギス・ハーンが遊牧民の盟主となり、孫の代にモンゴル騎馬軍団が長駆ヨーロッパへ至り、史上空前の大帝国「モンゴル帝国」を建てた。今もその末裔であることを誇りにしている。「天が我々を見ている」、「家畜がいたから我々はこの地で生きることが出来た」として、厳しい自然と何とか折り合いをつけながら暮らしている。

2　草原の食事

(1)　食事と内容

一九九〇年の民主化以降、自給出来ない小麦粉の消費量が増えるなど、食にも変化が起きているが、

「好きな食べものは」との問いに、「乳製品」もしくは「肉（ヒツジの肉）」が挙がる［石井 二〇〇三］。どちらも遊牧の食の根幹を支えているものだ。

遊牧民は夜明け前に起きて家畜を放牧に出した後、乳茶と自家製乳製品の朝食をさっと摂る。その後、仕事の合間にゲル（移動式天幕住居）に戻っては、乳茶、夏季はウマの乳をドブロク状に発酵させた馬乳酒（モンゴル語でアイラグ）を飲み、乳製品を食べる。ちょこちょこと乳茶や乳製品を口にする回数が多いのだ。夕食は麺料理など、温かい一品であることが多い。生きものが相手の暮らしは、夜遅くなることも多々あり、時間になったので食事を摂るという意識は、強くはない。

写真１　草原のおもてなし
奥は馬乳酒、手前は自家製乳製品の盛合わせ
モンゴル　アルハンガイ県、2016 年

モンゴル語で朝食は「ツアイ・オホ」と言い、直訳すると「茶を飲む」という意味である。間食にあたる言葉はない。生水を飲む習慣がない遊牧民は乳茶をよく飲み、成人男性では一日に二リットルほどは飲む。

朝最初に、主婦は鉄鍋で一〇リットルほどの水を沸かしダン茶を入れて煮出し、カップ一杯の乳と少量の塩を入れて乳茶をつくる。家庭によって加える塩の量、乳の種類に違いがある。来客があれば、朝つくった乳茶があっても、新たに乳茶をつくって出来たてを勧める。その折、乳製品も食事として提供される。

(2) 自家製乳製品

夏季の間、子畜の成長を損なわない範囲で、一日二回母畜から搾乳し、連日乳製品をつくる。

モンゴル遊牧民の乳加工について、柏原・浜田の報告［一九一九］以降、様々な報告がなされてきた。かつてはヒツジ、ヤギも搾乳し、畜種の違う乳を混ぜずに加工していたが、今日ではウシの乳が乳加工の中心で、乳科学、発酵学の見地から、現在の乳加工を図1にまとめた。

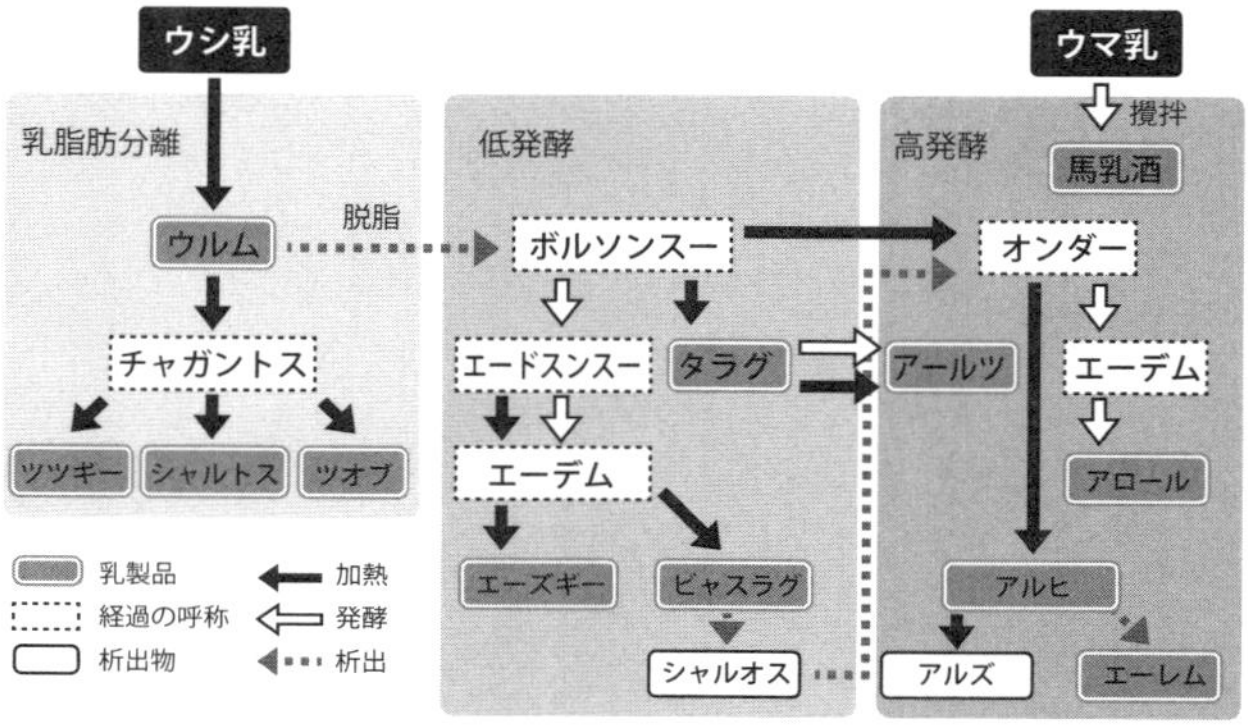

図1　今日のモンゴルの乳加工

乳加工は最初に一日に搾ったウシの乳を、夕方まとめて鍋で加熱することから始まる。鍋の上で乳を上下に落とす作業を繰り返して乳脂肪を上部に集め、鍋をストーブからおろして静置する。翌朝鍋の上部に脂肪乳製品の「ウルム」が出来ている。

その後脱脂した乳を専用の発酵容器に入れ、容器中の微生物の働きで発酵した度合いによって、成分抽出による乳加工を行う。酸味が穏やかな「ビャスラグ」や「エーズギー」、酸味の強い「アロール」などの乳製品をつくってきた。

(3) 家畜の恵みの利用

遊牧民が最も好む肉はヒツジの肉だが、肉を得るには家畜の生命を断たなければならない。そのため日常の食では、家畜を損なわずに継続して得られる乳を用いた乳製品の摂取が多い。泌乳量の多い夏季は、乳製品を多く摂り、冬季は身体を温めるために屋外で冷凍した肉を茹でて食べという明確な季節性がある［石井 二〇〇三］。

家畜の肉、脂肪、骨髄、血液、内臓、脳などをそれぞれ、水から茹でて食べ、茹で汁も全て飲む。

屠《ほふ》った後、最初に保存が出来ない内臓を茹でて食べ、各種のビタミン、微量成分を摂取してきた。栄養の豊富な血液は、洗った腸に詰めて茹でて、ブラッドソーセージとして利用してきた。生肉を薄く切ってゲル内で干すと、乳酸発酵した干し肉になる。遠出の折は、こうした干し肉を一片持って行く。コンパクトだが、栄養がある。三〇分ほど

写真2　ヤギのボードク（胴体を鍋に見立てた料理）をつくりみんなで食べる
モンゴル　ウブルハンガイ県、1996 年

かけてしゃぶり、肉の味を楽しむのだ。

遊牧民は皆、茹でたヒツジの肉を食べると、解体を見てはいなくても、そのヒツジの雄雌や年齢を当てる。「家畜は雄雌、年齢によって肉の味は皆異なっている」と言う。自家でヒツジを屠るときも、食事時を見計らって作業を始めることはない。ゲルの主人から屠る指示が出ると、一家で屠る個体を捕え、解体し、内臓から茹でる。茹で上がると早速居合わせた人で食べる。肉を茹でるのはその後だ。病原菌を持っているとして、都市への持ち込みが厳禁されているタルバガン（マーモットの一種）は、ちょっとしたご馳走だった。その狩りに出る時に、「獲れなければ食事は抜き」と言われると、「獲物がなければ食べないだけ」と淡々としている。食べるものがあれば食べるが、なければ空腹に耐えて過ごしてきた草原の厳しい食の姿が垣間見える。

(4) 遊牧民の好きな味

モンゴル中央部での筆者の聞き取り調査で、遊牧民は酸味と甘い味を好んでいた。乳を発酵させてつくる乳製品は、酸味のあるものが多く、汁物の味付けにも、砕いた乳製品を入れて酸味を付与している。

遊牧民の子どもは、おしゃぶりと食事を兼ねて、硬くて酸っぱい乳製品を与えられ、一日中なめている。離乳後に最初に食べるのも「タラグ」（ヨーグルト）で、乳製品に囲まれて育つ。乳製品を毎日食べることで、酸味をおいしいと認識する嗜好が形成された。

そんなモンゴルで、一九四〇年から五〇年にかけてソビエト産の角砂糖が入るようになり、珍重された。

筆者が調査を始めた一九九〇年代の草原でも、ゲルを訪問すると乳製品の上に、ロシア産の角砂糖が数個載せられていることがよくあった。とっておきの角砂糖をもてなしとして供してくれていたのだ。飴やビスケットなどの甘い菓子を食べる機会は、「ツアガン・サル」（モンゴルの正月）の宴席など、特別な時に限られていた。

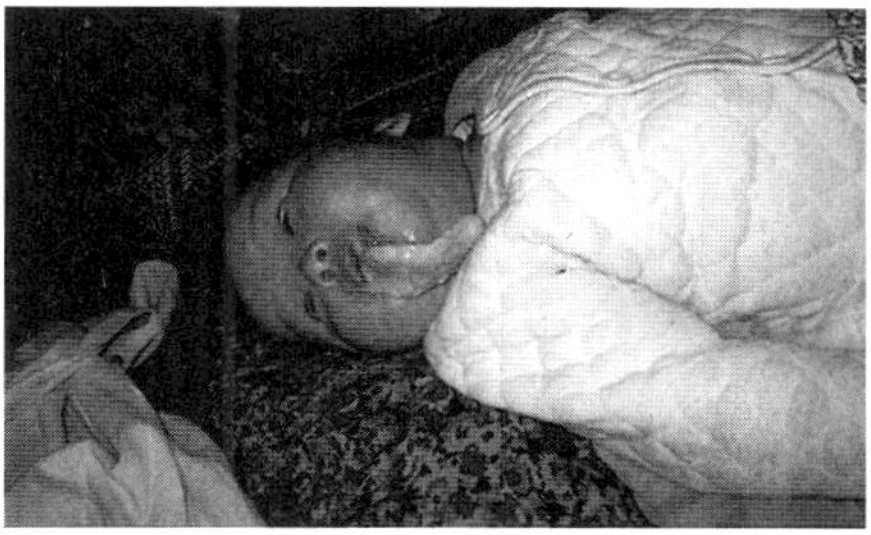

写真3　茹でたヒツジの脂肪をもらってご機嫌
モンゴル　ボルガン県、2016年

甘い味はまれに口にする菓子のほか、茹でたヒツジの脂肪からも味わってきた。脂肪はエネルギー量が高くて甘く、「肉よりも好ましい」とも言う。写真3に示したように、離乳前の乳児も、茹でたヒツジの脂肪をあてがわれると、その味にご機嫌なのだ。

近年では小麦粉に自家製「タラグ」と砂糖を混ぜた生地を、ヒツジの脂で揚げた「ボールツオグ」（ドーナッツ）をよくつくる。甘い菓子類の購入も以前より容易になってきたが、おやつ、間食として飴やビスケットなどの甘い菓子が供されることはまれである。ゲルにそれらがあれば口にするが、あえて甘い菓子を食べたいということはない。そこには、乳や肉から脂肪を摂ってきたことと、蛋白質《たんぱく》の摂取量もまた十分であることも関わっているのかもしれない。

野生のベリー摘みは今も草原の夏季の楽しみで、仕事の合間に誘い合わせてウマに乗って、記憶を辿《たど》り数時間かけて出かける。さほど甘くはないベリーだが、見つけると早速お腹に収める。ある時に食べるのだ。

3　飲みもの

(1) 遊牧民は乳を飲まない

今日我が国では生産される乳の六割を飲用している。戦後児童の栄養摂取を目的として、学校給食で飲用してきたためだ。

ヨーロッパでは、乳はバターやチーズなど乳製品の原料であり、飲用はわずかである。モンゴル遊牧民も、乳を飲むことはなく、発酵させて乳加工の原料としている。我々と同じモンゴロイドで、乳糖不耐症であるためだ［Scrimshaw & Murray 1991］。

乳糖を分解出来る子ども以外は乳を飲まない遊牧民だが、夏季の初めに、「冬季の間の肉食で疲れて赤くなった胃腸を白くする」として、搾りたてのウマの生乳を飲んで、意図的に下痢を誘発している［石井 二〇二二］。

荒っぽい方法だが、経験的に季節にあわせて自己の腸内菌叢の入れ替えをすることが健康維持に良いとして行ってきた。もちろんその間の遠出は控えている。

（2）塩味の乳茶

雲南省など照葉樹林気候の山岳地域には野生の茶の木があり、早い時期から茶を飲んでいた。多くの人が茶の風味に魅せられ、高価な交易品として遠方まで運ばれた。長く限られた王侯貴族が飲んできた茶を、モンゴル遊牧民が日常的に飲むようになったのは、一九世紀にグルジアに紅茶の栽培が伝わり、その茶葉をレンガ状に圧搾してダン茶を製造するようになって以降と筆者は考えている。今日もモンゴルで飲んでいるダン茶は、グルジア産である。

遊牧民は乳のない冬季間も、乳茶用の乳を得るため搾乳用のウシを一頭確保し、通年飲んでいる。何かの都合で乳が入らない茶は「黒い茶」と呼んで、残念な茶としている。それほど乳が入った茶を好んでいるが、加える乳の量は二％ほどと少ない。僅かでも、乳の香りがすることが肝要なのだ。茶に乳を入れる理由を尋ねると、「おいしくなる」、「味がまろやかになる」、「飲みやすいから」とのことだった［石井 二〇二三］。

インドやイギリスのミルクティのように、乳茶に砂糖を入れることはない。それは草原において、砂糖が長く入手出来なかったこともあるが、入手が可能になった今日も塩を入れている。少量の塩を入れることで、「乳茶の味がくっきりとする」と言う。塩を入れる量は家庭によって異なり、筆者の調査では〇・四％くらいが多かった。塩を入れない地域もあるが、そこでは生活水に土壌由来の塩が微量含まれていた。

「遊牧民は乳茶の飲用からビタミンCを摂取している」［大島 二〇一七］と言われてきたが、筆者の分析では、ダン茶にビタミンCは含まれておらず、違う飲みものから摂取してきたのである。

(3) 民族飲料馬乳酒の風味

ウマ乳の成分は母乳に近く、乳製品をつくることが出来ない。そのためウマ乳を複数の乳酸菌や酵母で発酵させてドブロク状の馬乳酒をどんどんつくって飲んできた。特有の良い香りと、酵母による発泡性があり、発酵が進むとアルコール度は一%を超える。ゆえに我が国の「酒税法」を援用すると酒である。草原から都市部に長時間かけて運ばれた馬乳酒は発酵が進み、一・五〜二%前後のアルコールを含み、酸味が強くなっているものが多い。

ユネスコの「無形文化遺産(酒)」に、ジョージアのワイン、ベルギーのビールに続いて、二〇一九年一二月に馬乳酒が三番目に登録された。

遊牧民は夏限定の飲みものとして愛飲し、子どもにも積極的に飲ませている。「モンゴル遊牧民の成人男性は夏季に、固形の食事を摂らずに馬乳酒だけを飲んで過ごしている」と一三世紀にモンゴルを訪れたWilliam Rubruck [1980 (1251)] が驚きをもって報告している。

モンゴル国内でおいしい馬乳酒の製造地として、中央部のウブルハンガイ県、アルハンガイ県が知られている[石井 二〇一五]。北東部のボルガン県もおいしいとされるが報告は少なく、以下筆者の調査の一部を報告する。

ボルガン県の馬乳酒も他の地域と同様、発酵容器の中に発酵が進んだ馬乳酒が二割ほど残っているところに、夕方その日に搾った乳を入れて攪拌して製造する。

全国的に発酵容器は、民主化以降に扱いの簡単なポリ容器が、草原でよく利用されるようになったが、それ以前は伝統的なウシの一枚皮製の発酵容器フフルが使われていた。

フフルは容量として八〇リットルほどのウマ乳が入るものが多く、内側の襞《ひだ》に、発酵に関与する菌が棲みつき、秋に使用が終わった後、中をさっと洗うだけなので菌は生き続け、翌年ウマ乳を入れて攪拌すると馬乳酒が出来たと言われていた。ボルガン県では、フフルを利用しての馬乳酒製造が盛んである。

写真4　電動攪拌機の入った馬乳酒の発酵容器
ウシの一枚皮で製作。
モンゴル　ボルガン県、2022年

ボルガン県の草原の下には永久凍土があり、夏季も他の産地より気温が低く、連日一万回もの攪拌を数時間かけて行ってきたが、ここ五年ほどの間に中国製の小型電動攪拌機（ソーラー発電機を使用）を用いる世帯が増えていた（写真4）。

馬乳酒製造用の発酵を起こす素となる微生物が関与する「スターター」が、各世帯の馬乳酒製造を支えてきた。ボルガン県でもかつては自家の最後の馬乳酒の一部を取り置き自家製「スターター」として翌年の製造に用いていたが、近年では仔馬が生まれるのがボルガン県より早く、馬乳酒

表１　ボルガン県のウマ乳と馬乳酒の一般成分分析

試料（採取年）	採取地	水分	固形分	蛋白質	脂質	炭水化物	灰分	発酵容器
		g/100g	g/100g	g/100g	g/100g	g/100g	g/100g	
ウマ生乳（2012）*	ボルガン県	89.6	10.4	1.9	1.9	6.3	0.3	
馬乳酒（2012）**	ボルガン県	89.3	10.3	1.9	2	6.2	0.2	ブリキ容器
馬乳酒1（2023）	ボルガン県	94.1	5.9	2.8	1.9	0.8	0.4	フフル
馬乳酒2（2023）	ボルガン県	95.8	4.2	1.8	1.5	0.6	0.3	フフル
馬乳酒3（2023）	ボルガン県	95.9	4.1	1.8	1.3	0.7	0.3	フフル

1)　＊と＊＊は同じ遊牧民宅で搾乳当日の乳とその翌日の馬乳酒；発酵時間20時間（7月採取）
　　この年は、雨が少なく日中の気温が高かった
2)　馬乳酒1、2、3は同じ地域で同日に製造し翌日採取；発酵時間20時間（7月採取）
　　この年は雨が多く、終日気温は低かった
3)　試料の分析は筆者が行った

製造も早く始まっているアルハンガイ県へ出向き、発酵が安定した一〇リットルほどの馬乳酒を購入し、「スターター」として製造する世帯が増え、馬乳酒を構成する菌叢、風味にも変化が起きていると思われる。

表1に、ボルガン県で、二〇一二年七月に、モンゴル国の「全国馬乳酒コンクール」で優勝した著名な遊牧民宅で搾乳したウマ生乳と、同じ乳で製造し、翌朝飲み頃とされた馬乳酒（ブリキ製の発酵容器を使用）を入手し、成分分析した値を示した。併せて二〇二三年七月にボルガン県でおいしい馬乳酒を製造していると言われている地域二キロメートル圏内の若い遊牧民宅三世帯（いずれもフフルを使用）で、同日夕方に製造を始めて二〇時間後の馬乳酒を入手し、成分分析した値を示した。

二〇一二年の世帯のウマ生乳と、その乳で

製造し、翌朝飲み頃とされた馬乳酒では、その成分の値に大きな差はなかった。しかし筆者の記録には、二〇時間経った馬乳酒は生乳の時とは異なった好ましい香りがあり、発酵はさほど進んでおらず、ウブルハンガイ県、アルハンガイ県などの馬乳酒よりも味は濃かったが、とても飲みやすいとあった。この年は七月も雨が少なく、ウマ生乳の味は濃かった。それが馬乳酒にも反映されたと思う。

二〇二三年七月に同じ地域の三世帯で、製造二〇時間後に採取した馬乳酒では、その成分の値に大きな違いはなかった。しかし二〇一二年の馬乳酒と比べると、値は異なっていた。

二〇一二年の調査世帯の夫人は、「全国馬乳酒コンクール」で優勝した理由として、「ウマの飼育環境（水・気温・草生え）が良いと乳質も良い」、「搾乳するウマの健康状態に注意を払っている」、「搾乳前に手洗いをし、乳首の洗浄を行い衛生に配慮する」、「攪拌回数は発酵容器内の温度に注意して決めるなど、製造技術が良い」と述べた。伝統的な技術に近代的な衛生管理の知恵が付加されていたのだった。

二〇二三年のボルガン県の調査地域は、七月も雨が続き、夜間の気温も一〇℃前後に下がり、二〇時間後も発酵はさほど進んでいなかった。しかし、二〇一二年の試料と同様に、すべての馬乳酒で生乳にはない、好ましい馬乳酒特有の香りがあり、アルコール度は一％に満たなかった。

馬乳酒を飲みに来た遊牧民たちは、「これくらいの味が飲みやすい」、「飲み頃で、おいしい」、「好きな味だ」としていた。アルコール度が低く、炭酸ガスによる発泡性もあり、成人男性において一日一〇リットルもの大量飲用が可能なのだ。ボルガン県での成人男性の一日の飲用量は平均五リットル

表2　成人男性*の馬乳酒製造開始前後の水分摂取

	馬乳酒飲用以前				馬乳酒飲用開始			
馬乳酒製造					1日目	2日目	3日目	4日目
調査日	1日目	2日目	3日目	4日目	5日目**	6日目	7日目	8日目
乳茶	2L	1.8L	1.6L	4.8L	3.8L	500mL	200mL	400mL
馬乳酒	-	-	-	-	100mL	500mL	10L	10L

*　ウブルハンガイ県での遊牧民男性（当時48歳）の2015年の調査より
**　調査の5日目から馬乳酒の製造が本格化した

だった。

馬乳酒製造開始前後の、ウブルハンガイ県の成人男性遊牧民の水分摂取量を、表2に示した。馬乳酒製造前に乳茶を飲んでいたのが、馬乳酒の製造が始まるとその飲用に替わり、馬乳酒の状態が安定すると一日に一〇リットル飲んでいた。

これまでの各地の調査で、遊牧民が、肉の味を識別したのと同様に、馬乳酒においても、微妙な味、香りのバランスの認識が確固たる指標として記憶されて、「おいしい馬乳酒」の評価がなされていることを痛感した。

馬乳酒を構成している乳の風味、発酵由来の物質の種類、その量の多寡、複数の物質間のバランスについて共通認識があるのだ。それらをもとに、おいしい馬乳酒を製造するゲルを把握して訪問し、たらふく飲んでいるのだ。

「おいしい馬乳酒」は、良い環境で飼われた健康なウマから搾った良い乳と、発酵の温度管理、攪拌回数の調整という製造者が身体で覚えた技術が融合して製造されて、さほど発酵が進んでおらず、飲みやすいものという、幾つもの条件によってもたらされているのだ。

ウマ乳を生乳のまま発酵させているため、野菜の摂取の少ない食において、ウマ乳由来のビタミンC（八〜一二mg／一〇〇mL）を利用出来たのだ。そして飲用により腸管に入った菌体は、死菌となっても構成する難消化性多糖類が、食物繊維の代用として腸管内の様々な物質を吸着して排泄し、健康を維持する働きをしてきた。そして適度なアルコール分は気持ちを解放することで、メンタル面に良い効果をもたらしてきた。

夏季になると毎年、何をおいても馬乳酒を味わうために、都市から草原へ知己を頼って民族大移動するのだ。

まとめ

我々は間食と言えば、軽食や、甘い味のものを連想する。しかしモンゴル遊牧民の食は、限られた動物性の食材を用いて営まれ、飴や菓子、砂糖など甘い味のものの購入は近年まで容易ではなかった。遊牧民にとって、乳茶と乳製品は食事であり、食事の後も、終日乳茶と乳製品が摂られている。ゆえにモンゴル遊牧民において、間食と食事における内容の区別はないのだ。

その食はちょこちょこと食べものを口にしていて、食事の回数や形式が決まる以前の、空腹を癒す古い時代の食を想起させる。

モンゴル語の朝食の「ツアイ・オホ」は、「茶を飲む」という意味で、塩入りの乳茶は、乾燥が厳しい遊牧生活を支えてきた。その食において飲みものは重要な意味を持ってきた。

草原の夏季は乳茶からウマの乳を発酵させた馬乳酒へ飲用の主体が替わり、終始よく飲まれている。身体が伝えてきた技術によって製造されてきた。始終飲用する乳茶、馬乳酒は、食事として、間食としての役割も果たしてきた。

遊牧民における「おいしい馬乳酒」とは、発酵がさほど進んではおらず、「飲みやすく」、「飲み頃」で、生乳にはない香りを持っているのだ。

近年、我々の周りではおいしさを測るために、精密な分析器を駆使して、数値化することが進んでいる。

モンゴルでは肉の味を細かく判別するのと同様に、馬乳酒を構成する成分の種類、量、味の繊細なバランスの良し悪し、香りについて経験による共通認識を持ち、「おいしい馬乳酒」の判断基準とし、盛大に飲んでいる。間食として、食事として、それはある面、贅沢な飲みものでもあるのだ。

参考文献

石井智美（二〇〇三）「遊牧――農耕とのかかわり」原田信男（編）『食と大地』ドメス出版。
石井智美（二〇一五）「モンゴル遊牧民の製造する乳製品と馬乳酒の性質および特性」『ミルクサイエンス』六四（一）：一二三–一三一。

石井智美（二〇二二）「牧畜民の食――ステップ地域を中心に」池谷和信（編）『食の文明論』農山漁村文化協会。

石井智美（二〇二三）「モンゴル遊牧民の乳利用と乳茶――ユーラシア地域の乳茶との比較」『ミルクサイエンス』七二（三）：一二〇－一二六。

石毛直道（二〇一二）「石毛直道自選著作集」第六巻『日本の食』ドメス出版。

大久保洋子（二〇一二）『江戸の食空間』講談社学術文庫。

大島圭子（二〇一七）「茶産地の歴史的な拡大」『茶の事典』朝倉書店。

柏原孝久、浜田純一（一九一九）『満蒙地誌』下巻、冨山房。

佐原真（一九九六）『食の考古学』東京大学出版会。

Scrimshaw, N. S. & Murray, E. B.（一九九一）『乳糖不耐性と乳・乳製品の消化能』木村修一、和仁皓明（監訳）、雪印乳業株式会社健康生活研究所。

Rubruck, W. (Dawson, C.) (1980 (1251)) *The Mongol Mission of Brother William Rubruck*, AMS Press.

第4章　シリア都市民の間食　ナッツ・果物・菓子・ファストフード

黒木英充

1　三食と間食

間食とは何か、という問題に向き合うに、まずは一日のうちで主要な食事があるとの理解が前提で、その合間にちょっとしたものを口にする、それが間食なのだ、と考えることにする。自分が一九九〇年代に合計四年間ほど滞在したシリアのダマスクスや、二〇〇〇年代に入って足繁く通うことになったその隣国レバノンのベイルートのことを思い浮かべつつ、ということになる。

一日に朝昼晩三度の食事があるのは私たちと同じで、言葉としてもアラビア語で朝食「フトゥール」futur、昼食「ガダー」ghadā'、夕食「アシャー」'ashaとあり、人々は基本的にその食事のリズムの中で生きている。アラビア語は三つの子音の組み合わせ（語根）で意味が決まるが、朝食のf-t-r

は「断食を終える break the fast」こと、昼食の gh-d-y も同じく「断食を終える」ことで辞書には朝食の意味も見えるが、日常的には昼食を意味する。夕食の ‘-sh-y は「夜になりよく見えなくなること」である。「食」「食事」「食べ物」に関する言葉はいくつもあるが、ここでは立ち入らない。「間食」、つまり「合間の食」という言葉や概念があるかといえば、それはないといってよく、少なくとも日常生活においては使われない。スナックの意味で「軽い食」に当たる言葉「ワジバ・ハフィーファ wajba khaffa」があるが、いかにもとってつけたような言葉であり、そこには「間」の意味はない。

ただ、私たちも日本語で「間食」を日常的に使うかと問われれば、詰まってしまうのではないか。「これから間食にしましょう」とか「間食に何を食べたい？」とかいうことはなく、「間食ばかりするのは良くない」という場合や、こうしたシンポジウムにおいて語り合う場合に限られ、抽象度が高い言葉といってよいであろう。小腹が空いて何となく口にするのが間食なのだとすれば、それなりの地位しか与えられていないのかもしれない。「おやつ」のような午後三時頃の「八つ時」を意味して、時刻として定まったケースや、「夜食」のように夜間の活動が長くなってきて定着した言葉であれば、ある程度日常的に使われるのであろう。

三度の食事について確認することから始めたい。朝食に何をとるかは、食の好みによる個人差やどのような職業に就いていて何時が始業か、といった事情に左右される。勤め人や学校に通う子どもたちは朝が早く、午前八時には始まる。商店が開くのは午前一〇時くらいである。従って、朝はそそくさと簡単に済ませる人たちが大半であろう。ホテルの朝食がその土地の朝食の実態なり「あるべき標準的な姿」を表現しているのだとすれば、庶民的な安ホテルでは、パン（フブズという平べったいアラブ・パン）、オリーブ、ヨーグルト（プレーンなもので、日本で市販されているものとは異なり、しっかりと酸味がある）、さらにジャム、茹で卵といったところだろうか。ヨーグルト（ラバン laban）よりも、そこから水気を落として硬めにした「ラブネ labne」が出る場合は、これにオリーブオイルを垂らす。アラブ・パンをちぎり、ラブネをすくってオリーブをその先に付着させて口に放り込み、（甘い）紅茶を合わせる。チーズが各種出ることもある。甘味にアンズやイチゴなどのジャムをバターと一緒にちぎったパンに塗って口に運ぶ。高級ホテルならば、トマトやキュウリなどの生野菜や豆の煮込みが加わり、卵料理も種類が増えて季節の果物が並ぶ。

ダマスクスの住宅地に点在するパン屋は早朝から稼働しており、午前六時くらいには人々（一家の父親であったり息子であったりで、男の仕事である）が並んで買っていた。平べったい形であっても焼き立ては水分を多く含んでいる。一キロ、二キロと買うと、焼き上がりの瞬間は丸く膨らんだパンが平たくなった後、ビニール袋の中で押し合ってしまい、二枚にはがれるべきところがくっついてしまう。このため帰宅後すぐに袋から出して広げ、少し乾かす必要がある。小麦の香ばしい匂いに包まれ、焼き立てのパンでとる朝食は幸せなものであろう。

さて、シリアでは一日のメインの食事は昼食である。勤め人の大半は午後一時半から二時くらいまで仕事するので、その後帰宅して二時半あるいは三時頃から昼食を家族そろってたっぷりととる。その内容は多岐にわたり本日の話題とは異なるので省略するが、野菜・肉がしっかり含まれる。その後は昼寝の時間となる。典型的な地中海型生活のパターンであるが、このため午後四時、五時といった時間帯は町中の活動は停滞して閑散とする。そんなときに人に電話するのは無作法の極みとなる。勤め人は早朝の朝食を手早く済ませ、朝八時過ぎに職場に出て午後二時頃まで仕事するとなれば、その間にビスケットのような菓子をつまみ、紅茶・コーヒーでエネルギー補給することになる。

夕食は午後八時から九時辺りに昼の残りを簡単にとる、という形が一般的であった。もちろん、夕食に人を招いてパーティーとなる場合もあるが、となれば昼食は軽めに済ませることになろう。そうした晩餐もやはり午後八時、九時あるいはさらに遅く開始、日付が変わるまで続く。レバノンではシリアよりもより頻繁にこれが催される。ある人に招待されたら、いつか招待し返すことが礼儀であり、どんな人々の組み合わせにするか、考えを巡らせる。ただ、こうしたパーティーは日常の姿ではない。

シリアの都市部では、夜間に乳母車を押したり子どもの手を引いたりしながら、家族連れで商店街をそぞろ歩きするのが普通であった。長い夏の間、日中は強い日差しで高温となるが、雨が降らず空気が極めて乾燥しているため、日没とともに放射冷却で気温が下がり、戸外が快適になる。ダマスクスでの長期滞在時、私は一九五〇年代築の地下一階・地上三階の小型集合住宅一階部分に住んでいたが、天井高約四メートルで壁厚三〇センチほどであったので、日中は内開き窓を閉め、外付け外開き木製ブラインドを閉じて日光を遮ることで、戸外が四〇度超であっても室温二七度、湿度二〇パーセントという天然冷房状態で、至極快適であった。しかし日没後は建物の躯体が溜め込んだ熱の内部放射が始まるため、だんだん暑くなる。窓を開けると外の方が断然涼しい。ブラインドを閉めたまま通風で室内の気温を下げ、外に出てぶらぶらしたくなるのは自然なことであった。商店街をウインドーショッピングしたり、実際に買い物をしたりすることになる。小腹が空いたときにちょうど軽食の店の前を通ると、そこで立ち食いもできる小型のパイ風の「スフィーハ」を買ったり、果物ジューススタンドでジュースを飲んだりすることになる（後述）。それをもって夕食とすることもあるだろう。散歩がてら友人宅や親戚宅をふらっと訪れ、そこでちょっとした軽食や菓子、コーヒーが出ればそれが夕食となるかもしれない。降雨のない夏季のそぞろ歩きは午後一一時頃まで続くので、子どもも含め、相当な夜更かしとなる。

こうしてみると、昼食以外の朝食も夕食も間食的なものに思えてくる。あるいは間食的にとる日もある、ということになろうか。

こうしたリズムが大きく変わるのがイスラーム暦第九月ラマダーンにおけるムスリムの断食（サウム sawm）である。日の出前にしっかり食べて（その食は「スフール suhur」という）日中は飲食を断ち（病人や子ども、妊婦など断食の例外は多い）、日没とともに禁を解いて、多くの場合ご馳走を家族がそろって囲んで飲食する。この食事が、「朝食 futur」と同じ語根の「フィトル fitr」である。この後、夜間は飲食可能なので、そぞろ歩きもいっそう賑わいを増す。日の出までの間につまむ食事や菓子類も「間食」と位置付けられよう。正確な数字は詳らかでないが、一般にムスリムの摂取するカロリー量はラマダーン月のときの方が他の月よりも多いといわれる。

2 ナッツ（種実）類、豆類

さて、日常生活で間食に挙げられる食品の第一はナッツ類、豆類であろう。手近にあって、手持無沙汰のときに口に放り込めるものであり、急な客人が来たときにとりあえず供することができ、ビールなど飲み物のつまみにもなる。ナッツの王者は何といってもピスタチオ（フストゥク fustuq）であり、アーモンド（ローズ lawz）やクルミ（ジョーズ jawz）、カシューナッツ（カージョー kaju）、ヘーゼルナッツ（ブンドゥク bunduq、「弾丸」の意味にもなる）といった値段の高いものからピーナッツ（「スーダン豆」の意味でフール・スーダーニー ful sudani）や、安価なヒマワリやカボチャの種（まとめて「種」ブズール budhur と呼ばれてしまうが、正式にはこれに「ヒマワリの」や「カボチャの」という言葉がつく）などがあるが、これらは塩味で炒《い》られ、乾燥した形で売られるのが普通である。町中にはナッツ専門店があり、これらをショーケースの中で山盛りにして量り売りする。高級ナッツ類は塩味の強弱、無塩、燻製《くんせい》、粉末パプリカで軽く辛味をつけるなどさらに種類が分かれる。何種類か選んでミックスナッツにすることができる。スーパーでは袋入りが売られているが、ナッツの組み合わせにより値段が変わってくる。

ヒマワリやカボチャの種は数個をまとめて口に入れ、指を使わずに舌と歯のみを使って巧みに種皮と中身を分離させ、種皮を口先で吹き飛ばす。町の中のコーヒー店（マクハー maqha）ではコーヒーのみならず紅茶や水煙草も扱うが、バックギャモンなどに興じる男たち（家庭に居場所を確保できない暇

写真１　スーク（市場）にて売られる臙脂色の生ピスタチオ
シリア　アレッポ、1990 年代

なオヤジたちが多い）は、ヒマワリやカボチャの種を口に入れ、時々種皮を吹き出すため、足元にそれらが散乱することになる。それを掃除するのはコーヒー店の使用人の仕事である。

　ピスタチオは、アレッポを中心にシリア北部の産であるアーシュリーという種類が好まれる。イラン産のピスタチオに比べてやや小型で尖《とが》った形状である。日本で売られているピスタチオの大半はカリフォルニア産であるが、これはイラン原産種である。シリアとイランでどちらのピスタチオがより美味であるかは、極めてナショナリスティックな論争となるのでここではあえて踏み込まない。アメリカ人は一九世紀末にシリア移民が輸入したアレッポのピスタチオを食べ始めたのであるが、一九二〇年代にカリフォルニアの農業振興を考えた農務省役人がイランに出張してピスタチオの苗を持ち帰ったことで、今日の世界におけるピスタチオ市場のシェアが決まってしまった。役人がシリアに出かけていれば、と思わずにいられない。

　間食としてのピスタチオは、塩炒りだけではない。七月から九月頃にかけて、シリアでは収穫直後の生のピスタチオを好んで食べる（写真1）。臙脂《えんじ》色の種皮をむくと薄茶色の殻が現れる。この段階ではまだ殻が柔らかい。その殻を開いてやはり臙脂色の薄皮に覆われた実を取り出し、薄皮をむいて薄緑色の柔らかな胚部分を食べるのである。もちろん塩味がするわけではない。瑞々《みずみず》しく淡いほのかな木の実の味である。これを夏に間食で口にすることをシリア人は無上の喜びとし、皿に盛った臙脂色の小山に黙々と取り組む。

アーモンドの食べ方も季節による。春先に桜によく似たアーモンドの花が咲き、しばらくして薄緑色のアーモンドの実が屋台に山と積まれて町の中に現れる。青梅を少し大きく長細くしたものを想像していただくと良い。それをそのまま、塩をつけてかじるのである。果肉はカリカリとした食感で、白く平べったい種（胚）部分も柔らかくそのまま食べられる。シリアとレバノンの春の風物詩である。初夏の頃には果肉がしぼみ、実が成長して胚部分が大きく硬くなってくる。これが私たちの見るアーモンドなのであるが、これもまた生で食べる。茶色の薄皮ごと氷水につけて冷やし、薄皮をむいて中の白い実をそのまま食べる。これも瑞々しさを愛《め》でるのである。塩炒りするのはさらに後になる。クルミも季節には生食する。

間食される豆類としては、塩茹でしたトゥルムス（turmus　英語でルーピン lupine、仏語でルパン lupin）を挙げるべきであろう。黄色い豆の皮をつまんで中身を口の中に押し出す。公園や人出の多い場所でしばしばトゥルムスの屋台を見かける。片手で持つ紙コップや耐水性の紙袋に温かい黄色い豆がどさっと入れられて渡される。

3 果物と菓子

フレッシュな果物はメインの食後のデザートとして、あるいは間食として食される。この地域の果物は山地・丘陵地の高低差を生かして実に多彩であり、日本で食べられる果物の大半を産する。例外は梨だろうか（洋梨はある）。マンゴーはエジプトから輸入する。ナツメヤシの実・タマル（tamar、デーツ）の干したものはシリアのパルミラ周辺で若干産するが大半がサウジアラビア、イラク、エジプト、チュニジアなどから輸入される。タマルはラマダーン月の断食期間中により多く消費されているようである。

新鮮な果物はもちろんそのまま食されるが、シリアでは果物ジュース屋が繁盛していた。オレンジやザクロには手動圧搾器を使うが、ミキサーを使ってリンゴ、イチゴ、桑の実などなど、単体のジュースもつくる。さらにいろいろな組み合わせのミックスジュースも供してくれる。夏は桑の実を中心にするため赤紫色が強く、冬はオレンジが中心になるため黄色が基調となる。バナナミルクも美味である。こうしたジュースを大中小のビールジョッキでいただくのである。夏の日中は氷もミキサーに入れて一緒にかき混ぜるので、暑さを癒すのに一番である。夜間のそぞろ歩きの際にも、煌々たる照明が色とりどりの吊るされた果物を照らすジュース屋に人々が集まっていく。

果物は乾燥させたものも多く食べられる。アンズやイチジクが中心で、サクランボ、もちろんブドウもある。前述のタマルもこの仲間に入る。紅茶とともにちょっとした間食の対象となるであろう。

菓子も非常に多様であり、説明しつくすことができないが、代表的なものに日本でも知られるようになってきたバクラワという焼き菓子のジャンルがある（写真2）。ほぼすべてにピスタチオが使われ、どこかに緑色が見えるといってよい。シリア、レバノンのバクラワは甘さが控えめであり、サクサクとした食感である。一方、トルコのバクラヴァは糖蜜がかけられてベチャベチャしており、歯が痛くなるほど甘い。シリア内戦で三〇〇万人以上のシリア人が難民としてトルコに逃れたが、イスタンブ

写真2　老舗菓子屋でバクラワの詰め合わせをつくる店員
レバノン　ベイルート、2011年

写真3　チーズ菓子のクナーフェ・ナーブルスィーエ
ベイルート中心部の老舗菓子屋、2011年

ルにはうち五〇万人以上が暮らしているとされ、シリア人街と化した一角もあり、料理屋も数多い。そこで難民たちがつくるバクラワを中心とした本格的なシリア菓子はトルコ人にも人気だという。

バクラワを売る菓子屋で一緒に売られる代表的な焼き菓子として、マアムールというものがあり、これは甘めの生クリームを添えて食すが、中にピスタチオやクルミの餡《あん》のようなものが入っている。バクラワもマアムールも、テーブルについてコーヒーや紅茶を伴って食される菓子であるが、路上で立ち食いもできる菓子として代表的なのがクナーフェという焼きチーズ菓子である（写真3）。これはパレスチナのナーブルスという町のものが本場だと理解されている。粘り気があって甘さ控えめ、これに糖蜜をかけ、ピスタチオの粉末をふりかけてスプーン、もしくはフォークで食べる。クナーフェは大きな丸い金属製お盆に載せられたまま下から湯で温められ、ホカホカの状態で食すものなのである。一方、トルコの同種の菓子キュネフェは冷菓として供されるが、やはり歯が痛くなるほど甘い。

4　ファストフード

ファストフード系で、そぞろ歩きしながら食べられるような小麦粉生地を使った小さなオーブン焼きの、間食・軽食の典型的な料理がある。薄いパン生地にトマトペーストを塗り、羊の挽肉、松の実、刻みタマネギを混ぜたものを載せオーブンでピザのように焼くスフィーハという料理がある。s-f-h の音の組み合わせは「広げて延ばす」を原義とし、スフィーハという言葉自体に木の葉や皿という意味もある。生地を方形の小さな枡《ます》のように整形し、そこに羊の挽肉とタマネギのみじん切りを詰めて焼いた、レバノンのベカー高原のローマ遺跡で有名なバアルベックのスフィーハもある。これを多数食べればメインディッシュにもなる。レモンを搾りかけて口に放り込むのであるが餃子に通じるものがある。

このスフィーハの原型というべきが、マナーキシュ manaqish という、ピザに似たものである（口絵、写真4）。パン生地をできるだけ薄く直径二〇センチ程度の円形に広げ、ザアタル za'atar というオレガノの一種を中心にタイムやバジル等の乾燥粉末、白ゴマ、ときにはココナツ粉などを混ぜ合わせたものにオリーブ油を加え、ザラザラした固着力のある状態にしたものを塗り付け、オーブンで焼く。家庭では底浅の中華鍋のようなものをひっくり返して、そこに貼り付けて焼くこともある。ザアタルの香りはシリア・レバノンの食を強く印象付けるもので、在外の人々はこの香りに限りない郷愁を覚える。ピザのようにザアタルの代わりにチーズや挽肉とトマトを載せれば、これはもうスフィーハと同じである。ピザのように切って、手でつまんで食すが、一枚丸ごとくるっと巻いて食べることもある。小腹が空いたときにちょうど良い。

写真4　手作り・自然食販売の週市でマナーキシュを焼いている
レバノン　ベイルート、2015年

生地を少し厚くして、中に挽肉やホウレンソウ、あるいはチーズを詰めて三角形に包み込んで閉じてしまい、これをオーブンで焼いたものをファティーラ fatīra、その複数形でファターイル fatā'ir というが、これは「朝食」のフトゥールと語根が同じである。ただ、断食を終えるという意味は消えて、パン生地を表す言葉となる。

今日の日本でも「ケバブ・サンド」として広く知られるようになった、トルコでいうところのドネル・ケバブに相当する「シャーワルマ」も、間食にもなればメインディッシュにもなる（写真5）。羊肉、もしくは鶏肉を広げて鉄串に刺して積み重ねていき、それに横から火を当てて少しずつ焼きなが

写真5　ダマスクスにおけるシャーワルマ屋
珍しいことに炭火を使っている。
シリア、2009年

写真6　メキシコ・シティにおける正統派のタコス屋風景
どこからどう見てもシャーワルマである。
メキシコ、2009年

らそぎ落とし、そのそぎ落とし焼き肉をアラブ・パンに載せ、ゴマソースをかけてキュウリの酢の物やイタリアン・パセリを添えて、丸めて食べる。立ち食い可能なものである。丸めるアラブ・パンを、ごく薄い小型のものにすればサイズはぐっと小さくなり、まさに軽食となる。メキシコのタコスもパンがトルティーヤになっただけであり、串の頂点に大きなトマトを突き刺すか、パイナップルを突き刺すかというだけの違いであるが、レバノン・シリア移民がメキシコにもたらした料理が国民食化したのだと推定されている（写真6）。

こうしてみると、立ち食い可能なものが間食として定義できるかと思えてくるが、最初に取り上げたナッツや豆類は座って食べることの方が圧倒的に多いので、そうもいえないであろう。一筋縄ではいかないものである。

第5章　戦後イタリア社会に生まれたメレンディーナ

イタリアの間食をめぐる一考察

宇田川妙子

1　メレンダとメレンディーナ

間食という言葉を、一日の食事と食事の間にとる簡単な食事・食べ物とするならば、イタリア語では、メレンダ merenda とスプンティーノ spuntino という二つの語がそれに当たる。最近では snack という英語をイタリア語読みにしたズナックを使うことも多くなっているが、とくにメレンダはよく耳にする言葉であり、そこから派生したメレンディーナ merendina という語も広く知られている。

本稿は、このメレンディーナに注目する論考である。それはメレンダに縮小辞（+ina）を付けた語、つまり直訳すれば「小さなメレンダ」という意味になるが、メレンダとは使い方が少々異なる。メレンダが、間食という食事の仕方と、そこで食べられるものの双方を含む語であるのに対して、メレンディーナは、もっぱら間食での食べ物を意味する。また、今では、間食での食べ物全般というより、間食用に工場で生産された焼き菓子を指すことが多くなっており、本稿で取り上げるメレンディーナも後者である（よって以降、メレンディーナはこの意味で用いる）。この工場製品としてのメレンディーナは、一九五〇年代半ばに誕生し、以降、急激に普及して、現在はイタリアの生活に深く根付くまでになっている。筆者は二〇二三年、ローマの空港の土産物売り場で、イタリアの食にちなんだ土産用マグネットの中に、パスタやピザ等とともにメレンディーナを象《かたど》ったマグネットを見つけた。これは、今や彼ら自身がメレンディーナを自分たちの食文化の代表の一つと見なしている証左だろう。

写真１　メレンディーナを象った土産用マグネット
一番上の段の Buondì は、イタリア最初のメレンディーナ。ローマのレオナルド・ダ・ヴィンチ空港、2023 年

よって本章では、このメレンディーナが何故これほど普及するようになったのかという観点から、その考察を通してイタリアにおける間食と社会のかかわりについて考えていく。また、私たちはイタリアというと地域に根ざした食材を生かした料理を思い浮かべがちだが、メレンディーナは工場で生産される食品である。とするならば、その考察は、これまで見過ごされてきたイタリアの食の別の側面を顕わにするだろうことも言い添

えておく。

2　一日の食事の仕方

まず簡単に、彼らの食事のあり方を見ておく。なお、イタリアは地域的な多様性に富んでおり、食にかんしても同様だが、一日の食事の仕方については大差はない。よってここでは、主に筆者が一九八六年から断続的に調査を続けているローマ近郊の町での経験をもとに記述する［宇田川　一九九二、二〇〇八］。

さてイタリアでも現在、朝食 colazione、昼食 pranzo、夕食 cena という一日三食が一般的である。とくに昼食は、多くの職場で昼休みが長く確保されてきたため、人々はいったん帰宅し、たいていは午後一時以降、家族そろって食事をするという習慣を長らく続けてきた。昼食は時間だけでなく食事の分量も多く、しばしばフルコース形式の食事となる。もっとも近年は、学校の給食制度が整い、仕事場の昼休みが短くなってきたため、なかなか家族全員が昼食に集まることができず、夕食がその代わりとなる家庭が増えている。

一方、夕食は、午後七時か八時頃に始まる。昼食に比べると食事の量も時間も少なく、そこで食べられているものも、簡単に調理できるものや、ハムやチーズ等の火を通さないものが多い。また、夕食は、これまでもたいていは家族で食卓を囲んでいたが、家族全員がそろうことは強く期待されておらず、友人や知人たちと外食することも多かった。そうした社交としての夕食は現在も続いており、そこでもピザ等のカジュアルで軽い食事が好まれる。

これに対して朝食は、非常に簡単である。かつてはほとんど食べなかったと言われるが、近年は健康や栄養という言説が普及し、朝も食事をすることが推奨されるようになった。とくに子どもたちには、ミルクや果物、ヨーグルト、コルネット[1]、ビスケット等が用意される。しかし今でも、何も食べずにコーヒーだけを飲んで仕事に出かけたり家事を始めたりする人は少なくない。ただし彼らも、昼休み前に空腹になると、仕事の合間にバール（立ち飲みができる喫茶店）で、または家事の合間に家で、コルネットやビスケット等をコーヒーやカフェラテ等の飲み物とともに食べる。そうした軽食を朝食と呼ぶことも多い。

3　二種類の間食

では、こうした一日の食事の中で間食は、どこにどう位置づけられているのだろうか。彼らも空腹を感じれば、その時々に菓子類、ピザ、アイス等々を口に入れるが、そうした間食のあり方も、じつは一律ではない。実際、間食は先述の通り、メレンダ、スプンティーノ、ズナックという三つの言葉で表現されるが、その語の使われ方には違いがある。

まずスプンティーノとは、spuntare（先端をつまむ、折る）という語から派生しているように、少量を食べること（稀に、少量の食べ物）を意味し、食事の時間帯よりも食べる量に重点が置かれている言葉である。よってこの語は、量が少なければ昼食や夕食に対しても使われることがある。外来語のズナックも、それが外来語であることから想定されるように多くの場合はポテトチップス等の戦後アメリカ等から入ってきた菓子類を指すが、スプンティーノと同様、少量の食事、軽食を意味することが少なくない。

一方、メレンダという語の使われ方はかなり異なる。メレンダも量にかんしては少量である。しかし、スプンティーノ（以下、ズナックも含む）と表現される間食では、カジュアルで手頃な菓子類や、ときには通常の食事の残り物が食べられるのに対して、メレンダでは（毎回ではないが）ケーキやパイ等の相対的に高価で手の込んだ食べ物が出される。後述のようにスポンジケーキ等を模して作られているメレンディーナも、主にこのメレンダで食べられている。また、そのメレンディーナも含めて、メレンダでの食べ物は総じて甘いという特徴もあり、スプンティーノに比べると特別感、非日常感があると言える。このことは、メレンダの語源が merere（値する）というラテン語であり、（労働等に）値するもの、褒美という語感を持っていることとも関連しているだろう。つまりメレンダとは、基本的に仕事や勉強等の「褒美」として位置づけられ、それに値するものが食べられる機会なのである。

そのため、スプンティーノが、時刻にかかわらず各自が空腹を覚えた時に食べるという、きわめて個人的で随時性が高い間食のあり方であるのに対して、メレンダは、明確な時刻こそ決まっていないものの、仕事の合間や後の軽食とみなされている点で、随時性は相対的に低いという違いもある。また、メレンダは、スプンティーノに比べると、一人ではなく複数で食べることが多く、一人称複数形を主語とした「メレンダにしよう（Facciamo merenda）」という表現もよく聞かれる。たとえば北イタリアにはメレンダ・シノイラ（merenda sinoira. sinoira は夕食前という意味）という言葉がある。それは、春から夏にかけて日照時間が長くなり畑仕事が遅くまで行われる（よって夕食が遅くなる）時期、午後五時頃に仕事をいったん休んでとっていた軽食のことである。そこでは、一緒に畑仕事をしている人々が、パンやワイン、ハムやチーズ、オリーブのオイル漬け、ジャム、パイ等を持ち寄ってピクニック気分で食べていたという。

現在は、生活様式の変化とともに、こうした仕事の合間のメレンダという習慣は少なくなり〈2〉、メレンダという言葉もスプンティーノと大差なく使われることが多くなった。ただし、子どもがいる家庭では日本のおやつのような感覚でメレンディーナ等が用意されたり、午後友人が家に遊びに来ると手作りのケーキ等がふるまわれたりするが、そんな時には「メレンダにしよう」という言葉が頻繁に口に出される。メレンダは、たしかに変化してはいるものの、一日三回の食事機会はもちろん、スプンティーノ等の空腹ゆえの間食とも違う食事機会として、今も彼らの生活の中に位置づけられているのである。

4　工場製品としてのメレンディーナ

　さて本稿は、このメレンダで食べられているメレンディーナを中心にすえた論考だが、それは現在、主として工場で製品化されたものを指すことはすでに述べた。そのいわば狭義のメレンディーナの概要を説明しておこう〈3〉。

　たとえばイタリアのスーパーマーケットの食品売り場に行くと、たいていメレンディーナのコーナーが、他の菓子類とは別に作られている。そこにあるのは、一口サイズに個包装されたスポンジケーキやコルネット、タルト、プラムケーキ等の焼き菓子類であり、その多くは、チョコレート、ジャム、クリーム、砂糖、ショートニング等でコーティングやトッピングがされていたり、それらを中に挟んだり詰めたりしており、総じて甘味の強い菓子である。店では、それらが複数個パッケージされたものが陳列・販売されている。

　ところでこのメレンディーナは、一九五三年、クリスマス用パン菓子の一つ、パネットーネの生産で当時有名だったMotta社（現在Bauli）が商品化したBuondìという菓子に端を発している。それは、復活祭用パン菓子のコロンバを日常用に小型化したものであった。その後、他の食品企業も次々に参入し、こうした祭り等で伝統的に作られていた焼き菓子類をモデルとした商品開発が進んだ。その頃からメレンディーナという言葉も使われ始めたという。

そして現在、イタリアの食品業界では、メレンディーナというカテゴリが、ベーカリー・シリアル製品部門の下位区分の一つとして置かれている。それは、スポンジ生地やシュー生地等を用いて作られ個包装された焼き菓子類と定義されているが、他の国にはこうした分類はないという［Padovani & Padovani 2011:89］。メレンディーナの市場は当初、一九六〇年代から一九七〇年代にかけて、主に子どもをターゲットとして、ポイント（景品としてサッカー選手に会える等）やおまけを付けたり、テレビＣＭを利用したりして急成長した。その間、形、生地、トッピング等も多様化し、一九九〇年代か

写真２　スーパーマーケットのメレンディーナ売り場
様々なメレンディーナが四角い箱や袋にパッケージされて陳列されている。イタリア　ローマ、2023年

写真３　メレンディーナの一例、コルネット
たいてい１つの袋に６～８個入っている。
イタリア　ローマ、2023年

写真４　スーパーマーケットのメレンディーナ売り場に陳列されているメレンディーナ
イタリア　ローマ、2023 年

らはスポンジケーキの間にアイスを挟んだアイス型のメレンディーナも登場した。ただし次第に、高カロリーで栄養に偏りがあり、食品添加物が多く使われ、肥満のリスク等、健康面に問題があるという批判も出てきた。そのため二〇〇〇年代に入ると、さらに小型化して一個当たりのカロリーを減らし、ヨーグルトやニンジン等の野菜を練り込んだり添加物を減らしたりするなど、健康志向、自然志向が強まってきている。

　こうしてメレンディーナ業界の生産量は、一九七〇年は四万トンだったのに対して、一九九〇年に一三万トン、二〇〇〇年に二〇万トンと増加し、以降は大きな変化はなく現在に至っている。ちなみに、二〇二三年の数字としては生産量二〇万七〇〇〇トン、総販売額は一五億二〇〇〇万ユーロで、ベーカリー・シリアル製品部門全体の二九％に相当する。そして二〇二二年のＤＯＸＡ（イタリア市場調査会社）のアンケートでは、五三％の人がメレンディーナを週に一、二回食べていると回答しており［Unione Italiana Food 2023］、今では子どもだけでなく大人の食にも入り込んでいる。メレンディーナは誕生からほぼ七〇年間ですっかりイタリアの食生活に定着したと言えるだろう。では、その急成長は何故起きたのか、また、メレンディーナの定着とは何を意味し、イタリアの食生活に何をもたらしたのか、次に考えてみたい。

5　菓子類を日常化したメレンディーナ

まず、その背景の一つにあるのは、第二次世界大戦後から一九六〇年代後半にかけての「イタリア経済の奇跡」とも呼ばれる高度経済成長である。GDPの年平均成長率は一九五一年から一九六三年の間は五・八％、一九六四年から一九七三年の間は五・〇％を記録し、一人当たりの実質国民所得は一九五一年から一九七一年には三倍になった。こうした経済成長は大量生産・消費社会をもたらし、食においても工場生産が増え、人々は多種多様で豊富な食品を容易に入手できるようになった。メレンディーナの成長も、その一つだったことは間違いない [Scarpellini 2014:175-185]。

そもそも、それまでの間食（スプンティーノを含む）で食べられていたのは、メレンダ・シノイラのように日常食に近いものであり、間食に特化した食品はなかった。たしかに甘いものが好まれる傾向はあったが、その場合も砂糖をまぶしたパンをワインに浸して食べるなどにとどまり、ことさら間食用の菓子が作られることはなかった [Counihan 2004:26, 61, 131]。菓子類は、庶民の間においては、クリスマスや復活祭等の祭りのためか、硬いビスケット類のように、秋のナッツ類の収穫に合わせて冬期の保存食料という意味を兼ねて作られることが多く、常時の食品ではなかったためである。それが、戦後の高度経済成長期、先述の復活祭用焼き菓子を原型として商品化されたBuondìを皮切りに、日常的に安価で食べられる商品として生産され消費されるようになっていったのである。

実際、一九五〇年代から七〇年代にかけては、メレンディーナ以外の菓子類についても急激な工場製品化が進んでいる。たとえば、今では全国的な知名度を誇り、とくに朝食の定番にもなっているビスケットのブランドの一つ、ムリーノ・ビアンコ（Mulino Bianco）は一九七四年に販売が始まった。また、ヌテッラ（Nutella）という、ヘーゼルナッツ・ペーストをもとにしたチョコレート風味のスプレッドも、現在はイタリアのみならず世界各地に拡がり、パンやビスケットに塗ったりして間食や朝食時に食べられているが、その原型は一九五一年に作られ、一九六四年にヌテッラと改称されたものである。

つまりこの時期、それまで毎日の食とは見なされていなかった菓子（やそれに類するもの）が、日常的な間食用として新たな市場を形成するようになり、なかでもスポンジケーキ等の焼き菓子類が（その原型が祭り等の菓子ゆえに贅沢感があったせいか）メレンディーナ、つまり「小さなご褒美（メレンダ）」として定着してきたのではないかと考えられるのである。

6　子ども像の変化とメレンディーナ

そしてここには、もう一つ、家族における子どもの意味・役割の変化という問題が関与していることにも注目したい。メレンディーナは、今でこそ大人もよく食べているが、当初は既述のように子どもの食べ物として生産されていた。すなわちメレンディーナはまずは子ども用として生まれたわけだが、その背後には第二次世界大戦後の学校教育への関心の高まりがあった。
筆者が調査した町でも、戦後、それまで義務教育にさえ理解を示さなかった親たちが、子どもの教育に熱心になったという話を高齢者たちからよく聞いた。彼らによれば、戦前や戦時中の子どもは農作業や家事の手伝いを優先して学校をよく休んだが、自分の（戦後生まれの）子どもたちには少しでも学歴を付けさせるため学校に通わせたと語っており、実際、高校・大学への進学も急激に増えた。このことは、子どもが労働力の一つではなく、親がより良く教育して育てるべき存在と見なされるようになったことを意味する。〈4〉それは、子どもたちから見れば、農作業や家事の手伝いよりも、学校（勉強）が重要になったことでもあった。
こうした子ども像は、今では当たり前に見えるかもしれない。しかしそれは一般的に、近代以降、夫婦と子どもという核家族を理想とする家族像（歴史学等では「近代家族」と呼ばれる）、すなわち、夫婦が「男は外、女は内」という性別分業の下で子どもを大切に育てていくという家族像の醸成とともに広まったものである［落合 二〇〇四］。その理念自体は一八世紀頃にヨーロッパで誕生したと言われる。ただしその理念を実現していくためには、近代化が社会の隅々まで進み、女性が家事に専念できるほど経済的な余裕が生まれ、子どもの教育制度が整備され定着することが必要となってくる。よってイタリアでも、この子ども像（および家族像）が全国的に実現したのは、戦後になってからだった。〈5〉
そして子ども向けのメレンディーナの誕生は、まさにこの過程と重なっている。たとえば、イタリアでは元来、先述のように朝の食事がほとんど浸透していなかったこともあって、子どもたちは学校の休み時間に、家から持ってきた食べ物をメレンダとして食べる習慣が出てきた。地域によっては、ビスケットやピザ等の軽食を売る「メレンデロ（merendero、メレンダ売り）」が休み時間に各教室を回ることもあったという。また、子どもの成長には栄養が必要という意識が出てくると、少なくとも子どもには朝食を食べさせてから学校に送り出し[6]、家に帰ってからも宿題を終えた後に間食を用意するようになった。すなわち、この時期、子どもの生活時間が学校を軸に再編されていくにつれて、そこに間食が入り込むようになり、その新たな需要に合わせてメレンディーナが一気に成長したと考えられるのである。実際、メレンディーナは、既製の食品であるため、親たちにとっても新たな労力をかけず手軽に子どもたちに満足を与えられる食品であった[7]。また、個包装ゆえ小分けが容易で使いやすく、携帯しやすいという点でも人気が出た。子どもたちは現在も、メレンディーナを通学バッグの中に入れて学校に通っている。

7　メレンディーナの考察の意味

以上、きわめて簡単だが、戦後メレンディーナという菓子類がイタリアで生まれ普及していった経緯と背景について述べてきた。そこには戦後の高度経済成長とともに、子どもや家族の変化が関わっており、その中で誕生したメレンディーナは、従来の間食を子どもの日常的な間食習慣として作り直すとともに、菓子類を日常的な食として定着させていった様子が顕《あらわ》になった。また、その過程が新たな「子ども」像の全国的な浸透と重なっていることに着目するならば、メレンディーナは、そうした「子ども」像を具体的に浮かび上がらせ実体化した装置であったとも見なせるだろう。

さて、この考察はまだ途上である。とくにメレンディーナによって菓子類が間食として日常化したという変化は、それまでの間食の中身が他の食事と大差なかったことを考えると、食事と間食との差異の明確化としても考察することができる。すなわちメレンディーナの浸透は、じつは（間食だけでなく）食事の側にも変化をもたらしたのではないかと推察されるわけだが、その議論は別稿に譲る。そして、この他にもメレンディーナには多くの論点が残されているに違いない。そもそもメレンディーナは、（主たる食事ではなく）間食であり、（伝統食ではなく）工場食品であることから、これまでイタリアの食全体においては周縁に位置づけられ、本格的に考察されることはなかった。しかしその論考は、周縁的だからこそ、彼らの食文化を新たな角度から再考する重要なきっかけになりうると筆者は考える。

たとえば、本稿では紙幅の関係上、それが工場製品であることについては議論を深められなかった。ただし、メレンディーナが工場製品として全国一律の食品であることに注目すると、戦後の子どもたちがそれを食べて育ってきたということは、彼らがメレンディーナを通して全国共通の食体験をしてきたことを意味する。彼らにとってメレンディーナとは、単に間食の食べ物だっただけでなく、皆が同じものを食べているという経験だったのである。そもそも、共通の食・味覚という意識や記憶の形成は、メレンディーナという、全国どこでも同じ味の工場製品だからこそ、容易だったとも考えられる。そして、こうした全国一律（の味）という経験は、イタリア社会ではメレンディーナが初めてだったのではないだろうか。工場製品としての食品自体が、テレビ等の普及も重なって、戦後になってようやく全国的に浸透したものだからである。〈8〉先述のDOXAの調査によれば、現在、子ども時代からメレンディーナを食べ続けている大人たちは非常に多い。メレンディーナは今やイタリアを代表する食品の一つとされていることは冒頭でも述べたが、その背景には、少なくともこうした彼らの共通の味覚経験や記憶の積み重ねがあることは間違いない。

こうしてみると、イタリアの食文化といえば、その豊かな地域性や伝統に注目が集まりがちだが、〈9〉一方で、均質な工場食品も歴史の変遷の中で人々の生活に確実に根付いており、その意味や意義も決して小さくない。よって、彼らの食文化を適切に理解していくためには、そのそれぞれの側面とともに、それらが互いにどう関連しているのかについて、主たる食事であるか否かを問わず総合的に考察を深めていく必要があるだろう。メレンディーナもその一つとして、今後さらなる考察が求められていく。

注

〈1〉コルネット cornetto は、フランスのクロワッサンに似た菓子パンだが、多くは表面に砂糖がまぶされていたり、中にジャムやクリームが入っていたりする。イタリア北部ではブリオッシュ brioche と呼ばれることが多い。

〈2〉このことは、じつは一日の食事自体が、かつては二食または一食であり、そこに適宜、間食を組み合わせていたことと関連する。筆者の調査地でも、一日三食の形態になったのは戦後しばらくたってからで、以前は夕食が中心であり、他は農作業の合間に簡単な食事をとっていたと高齢者は語っていた。このことを踏まえれば、メレンダを含めた間食の意味については、今後さらに歴史的な変遷を含めた検討が必要となってくる。

〈3〉以降のメレンディーナにかんする情報等は、イタリア・フード・ユニオン（Unione Italiana Food）がメレンディーナ誕生七〇周年を記念して行ったキャンペーンのＨＰ（https://www.merendineitaliane.it/）に掲載されている諸記事や、Becchi［2023］、Ventrella［2016］を参考にしている。

〈4〉このことは、「子ども」という概念そのものが、ヨーロッパ近代に生まれたことを明らかにしたアリエス［一九八〇］の議論につながる。

〈5〉戦後は一次産業の減少とともに女性の就労率が低下し、主婦（casalinga）への関心が高まりcasalinghitudine（家事）という言葉も出てきた。しかし一九七〇年代半ば以降、女性の就労率は上昇しており、こうしたイタリアの家族動態に関しては、西岡［二〇〇三］を参照。

〈6〉メレンディーナは、間食だけでなく、それまであまり関心を持たれてこなかった朝食でも食べられるようになっている。また、このことは、そもそも朝食が、他の昼食や夕食とは違って、一日の中で十全な食事として位置づけられていなかったことを示している。とするならば、間食と食事とは、明確に分離されたものではなく連続的なものと見なして、歴史的な視点を交えて抜本的に議論し直す必要があるに違いない。

〈7〉メレンディーナの普及については、子どもの側からだけでなく、子どもを育てる仕事を主に担ってきた女性（＝母親）の側にも着目し、その利用が女性たちにとってどんな意味があり、母親像とどんな関係があったのか等、考察していく必要がある。

〈8〉こうした工場食品による全国共通の味という経験の最たるものは、先に本文中で言及したヌテッラであろう。

ヌテッラは、一九八〇年代以降になると映画のシーンや音楽の歌詞などに頻繁に取り上げられるなど、今や単なる食べ物ではなく、イタリア文化のアイコンの一つになっている［Padovani 2004］。

〈9〉このためメレンダ（間食）にかんしても、イギリスの料理ジャーナリスト、Gray［1986］のように、イタリアの間食は豊かで、手作りの食べ物をみなで食べているという記述がしばしばなされている。ただしそれは、イタリアを近代化の遅れた国と見なす外部者によってロマン化されている側面も大きい。イタリアの食の考察においては、往々にしてそうしたロマン化傾向が見てとれることには注意する必要がある［宇田川 二〇一九］。

参考文献

アリエス、フィリップ（一九八〇）『〈子供〉の誕生――アンシァン・レジーム期の子供と家族生活』杉山光信・杉山恵美子訳、みすず書房。

宇田川妙子（一九九二）「『スパゲッティ』とイタリア――『食』に関する人類学的考察の試み」『中部大学国際関係学部紀要』九号、四三－五九。

宇田川妙子（二〇〇八）「イタリアの食をめぐるいくつかの考察――イタリアの食の人類学序説として」『国立民族学博物館研究報告』三三（一）：一－三八。

宇田川妙子（二〇一九）「「地中海料理」というイメージ――国民料理を補助線として」『「国民料理」の形成』西澤治彦編、ドメス出版、八八－一〇八。

落合恵美子（二〇〇四）『21世紀家族へ：家族の戦後体制の見えかた・超えかた』（第三版）有斐閣。

西岡八郎（二〇〇三）「南ヨーロッパ諸国の出生率の動向とその近接要因・社会経済的要因の変化」『人口問題研究』五九（二）：二〇－五〇。

Becchi, Michela (2023) "70 Anni di Merendine. La Storia degli Snack Dolci Italiani attraverso i Decenni", *Gambero Rosso*, https://www.gamberorosso.it/notizie/storie/70-anni-di-merendine-la-storia-degli-snack-dolci-italiani-attraverso-i-decenni/

Counihan, Carole M. (2004) *Around the Tuscan Table.: Food, Family, and Gender in Twentieth-Century Florence*. Routledge.

Gray, Patience (1986) *Honey from a Weed: Fasting and Feasting in Tuscany, Catalonia, the Cyclades and Apulia*. Prospect Books.

Padovani, Clara & Gigi Padovani (2011) *Italia Buon Paese: Gusti, Cibi e Bevande in 150 Anni di Storia*. Blu Edizioni.

Padovani, Gigi (2004) *Nutella. Un Mito Italiano*. Rizzoli.

Scarpellini, Emanuela (2014) *A Tavola!: Gli Italiani in 7 Pranzi*. Laterza.

Unione Italiana Food (2023) "Ricerca BVA DOXA - UNIONE ITALIANA FOOD: Generazione Xe Merenda" https://www.merendineitaliane.it/wp-content/uploads/2022/10/Comunicato-UIF_Gen-X-Merenda-e-Stile-di-Vita.pdf

Ventrella, Riccardo (2016) *Fenomenologia della Merendina*. Edizioni Clichy.

第6章　西部インドネシアの間食

ご飯でなければ間食なのか

阿良田麻里子

本稿では、食事と間食の区別が明確に存在する社会として、西部インドネシアの食事と軽食を扱う。軽食と表現するのは、間食というと食事と食事の間のものというニュアンスがあるが、ここでいう軽食は必ずしもそうではないからである。

1　栄養指導のスローガンからみる食事と間食

まず前提としてお断りしておきたい。インドネシア共和国は国土も民族文化も多様性に富んでいて主食となる作物もその食べ方も多様である。本稿で扱うのはあくまで西部インドネシアでも稲作が盛んで人口が密集している地域の特徴であって、インドネシア全土がこのような食文化をもっているわけではない。松山［一九九六：二八〇］は東南アジアの主食作物として水稲・陸稲・雑穀・根菜類・サゴヤシ澱粉をあげている（図1）。コメがよくとれる地域以外では、キャッサバ・タロイモ・ヤムイモ・バナナ・パンノキの実・サゴヤシ澱粉・雑穀・トウモロコシなどを主食としている［石毛 一九七八、阿良田 二〇〇八など］。しかし、この地図をみれば、インドネシアの政治経済の中心地であるジャワ島・スマトラ島の人口密集地はすべてコメを主食作物としてきた地域であることがわかる。本稿はこの地域のなかでも、特に筆者が長く在住した北スマトラや西ジャワにおける経験を中心に扱う。

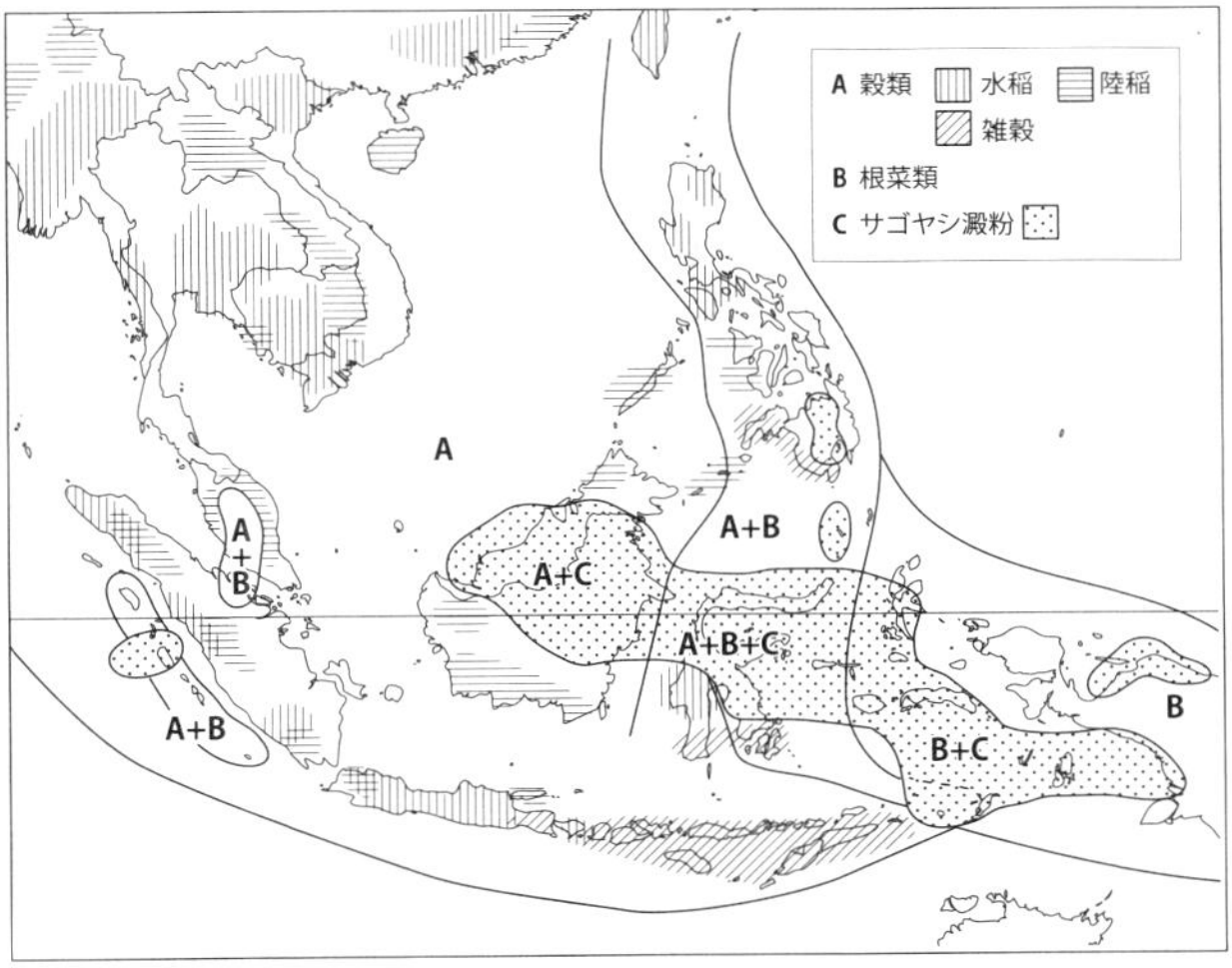

図1　東南アジアの主食パターン　松山［1996: 280］を基に作成

　インドネシアには古い栄養指導のスローガンとして、ウンパット・セハット・リマ・スンプルナ（四で健康、五で完璧）という言葉がよく知られている。四種類のものを食べていれば健康になり、これに五つ目のミルクを足して五種類とれば完璧であるというほどの意味である。四種類のものとは、インドネシア語でマカナン＝ポコック、ラウック＝パウック、サユール＝マユール、ブアブアハンと分類される。マカナン＝ポコックは、直訳すると「基本的な食べ物」という意味で、すなわち主食を指す。西インドネシアではこれは圧倒的に米飯であるが、全国的には先述の通り多様な作物を主食としている。ラウック＝パウックという表現は、ラウックと呼ばれるメインになるようなおかず料理の総称である。おもに魚・肉・卵など動物性食品の料理からなるが、植物性でも豆腐やテンペといったタンパク源となるものの料理をラウックに分類することもある。ニュアンスは違うものの、主菜と訳してもいいかもしれない。ナスのカレーのような食べごたえのあるおかず料理は、日常的にはラウックの一種といって差し支えないが、この栄養指導のスローガンという文脈ではラウック＝パウックはおもにタンパク源になるような食べ物を指す。サユール＝マユールは各種の野菜料理というほどの意味である。この分類はサユール＝サユラン、すなわち野菜という表現に代わることもある。ブアブアハンは果物を指す。つまり、主食・主菜・野菜・果物をとっていれば健康で、さらにインドネシア語でススすなわちミルクを飲めば完璧という意味になる。

このスローガンは一九五〇年に当時の国民食料機関の長官だったプルウォ・スダルモが提唱したものである。実は一九八〇年からはギジ・スインバン（バランス栄養）という、ピラミッド状の指針が提唱されて教育にも取り入れられている。しかし「バランス栄養」が一般庶民にとっては馴染みがない専門的な知識に留まっているのに対し、「四で健康、五で完璧」は非常に単純でわかりやすいため、今でも庶民に深く浸透している。empat sehat lima sempurna で検索をすると、「四で健康、五で完璧」

をめぐる情報が二〇二〇年代以降もアップロードされていることがわかる。動画検索トップに現れる「四で健康、五で完璧」と題した童謡を歌う男児の体格は、日本的にみるとやや太り気味ではないかと思えるが、インドネシアでは栄養が行き届いて健康的な印象をあたえるものと高く評価されるものである。つまり、家庭が豊かで親のケアが行き届き、主食とラウック゠パウックやサユール゠マユールからなる食事をきちんととって、果物を食べてミルクを飲んでいると、このような潑剌とした健康的な子供になるんだという メッセージが動画から伝わってくるのである。

図２　「四で健康、五で完璧」を紹介するウェブサイト
https://warnettebe.blogspot.com/2020/03/4-sehat-5-sempurna.html
アップロード日 2020/03/15、最終閲覧日 2023/6/17

二〇二〇年三月付のネット記事でも、主食、主菜、野菜、果物、ミルクの分類に入るものを示しつつ「四で健康、五で完璧」を紹介している（図２）。主食としてコメ・トウモロコシ・サゴヤシ澱粉・キャッサバ、ラウック゠パウ

ックには牛肉・山羊肉・鶏肉・アヒル肉・魚が、サユール＝マユールにはカラシナの一種であるサウィのほか、キャベツ・ブロッコリー・カリフラワーが、フルーツとしてはリンゴ、ミカン、マンゴスチン、トゲバンレイシ、ブドウ、レイシ、アボカドが例示されている。ススの部分にはチーズ等の乳製品の姿はなく、牛乳・アーモンドミルク・豆乳・山羊乳など各種のミルクが示されている。

ここで少しスス（ミルク）について解説を加えておこう。筆者がはじめてインドネシアで暮らした一九九〇年代、単にススというと、それはおもに缶詰の加糖練乳か粉ミルクであった。その後紙パックのロングライフミルクが広く普及してきたが、今でも粉ミルクの商品は非常に充実している。スーパーマーケットの常温商品の陳列棚では、通常、通路の片側一列すべての棚が、各種メーカーの脱脂乳やフルクリーム、イチゴ味やチョコ味やバニラ味など豊富なラインナップの粉ミルクやロングライフミルクで埋め尽くされている。対象者の年齢別の商品展開もゆたかで、〇〜六ヶ月の乳児向け、六ヶ月〜一二ヶ月の乳児向け、一〜三歳児向け、四〜六歳児向け、女性用、年配者用と、ありとあらゆる商品が並ぶ。食材として一般的なココナツミルクはサンタンと呼ばれ、ススには分類されない。

ミルクは、もともと乳食文化のなかったインドネシアでは、西洋的な消費物である工業製品の缶詰の加糖練乳という形でまず普及し、不足しがちな栄養を補う特別に滋養のあるものといった位置づけで定着した。そのままパンにかけたり、水で薄めたり、コーヒーに大量にいれたりといった摂取方法が一般的であった。ご飯とおかずからなる食事にこれが添えられることは、まずない。おかず料理の材料としてミルクを使うこともない。粉ミルク・紙パックミルクの時代になってもあらかじめ甘く味付けしてある商品が一般的である。たとえ土産に牛舎直送の新鮮な生乳をもらったとしても、ヤシ砂糖などをいれて甘くして飲む。甘い乳飲料は、食後のデザートのように飲まれたり、小腹が空いた時にそれだけで飲んだりすることが多い。飲料ではあるが、間食/軽食といってもよいだろう。

ススに分類されるものはおもに牛乳など動物のミルクであり、植物性のものとしてはかろうじて中国系の飲料として豆乳が入る程度だったが、近年の傾向としてアーモンドミルクやオーツミルク等のプラントベースのミルクも含まれることがある。

2　日常の食事の構成要素

次に「四で健康、五で完璧」に当たるものが、実際の食生活の中ではどのように実現されているか見てみよう。コメを主食とする西部インドネシアの典型的な食事は、米飯〈1〉とおかずからなる。たとえば食堂のような場所では、ナシ゠ラメスあるいはナシ゠チャンプールと呼ばれる形式で、一枚の丸い大皿に一人前の主食とおかずを盛り合わせて提供するのが一般的である。バナナの葉と紙で包んで持ち帰りもできる。出来合いの料理が店頭に並べられているので、そこでラウックを一～二種類選んで注文する。すると、一枚の皿に米飯を山盛りにし、えらんだ料理を添えて、野菜料理やチリソースなどの付け合わせをつけてくれる。

家で食事をする時も、米飯を主食に、おかずとしてはラウックが一～二種類、野菜料理が一～二種類、これにクルプックと呼ばれるエビせんべい（澱粉で作った軽い揚げせんべい）やチリソースが添えられているというパターンがある。食事をとる際は、床でもテーブルでもよいが、同時に食事をする家族が車座になって食べ物を囲むようにして座る（写真1）。それぞれ米飯を山盛りにした一枚の皿に、大皿からおかずをとって盛り合わせ、米飯とおかずをあわせながら食べる（写真2）。飲み物はたいていお茶や水である。

写真１　食べ物を囲んで座る
インドネシア共和国西ジャワ州、2019年8月

写真２　ご飯とおかずを一枚の皿に盛り合わせる
インドネシア共和国西ジャワ州、2019年8月

儀礼に伴うハレの食事の場でも、それぞれの料理の食材が高級なものになったり、品数が増えるだけで、基本は同じである。十数人程度の参加者なら、客間の床に車座に座る。百人規模以上の儀礼ならば、料理を長いテーブルに並べてビュッフェ形式にする。食べる人は、日常の食事と同様に、一枚の皿に米飯とおかずを盛り付けて、それらを少しずつ合わせながら食べるのである。

ハレの食事の場では、食後のデザート（インドネシア語で「チュチ＝ムルット」、口を洗うもの）として果物が出される。しかし一般家庭の日常の食生活では、食事の構成物として果物を出すよりも、独立して軽食として食べるほうが普通だろう。特に、あまり甘くない果物や生のイモ類に甘辛酸っぱいソースを付けて食べるルジャックというものは、昼下がりの暑い時にさっぱりする食べ物とされている。また断食月の夕食時には、水分で一日の断食を解いたあと最初に食べる「タジール」として、果物やイモや豆の甘い煮物にココナツミルクを合わせたものがしばしば提供される。

米飯が非常に重要な位置を占めるこういった西インドネシアの食文化のありかたは、外来のフードビジネスにも大きく影響を与えている。ケンタッキーフライドチキンが一九七〇年代末から一九八〇年代にかけてインドネシア初のファストフードレストランとして大きな成功を収めたのは、フライドチキンと米飯のセットを売り出し、アメリカ的なトマトケチャップだけでなく、インドネシア的なチリソースを大容器で用意して取り放題にしたローカル化の効用が大きい。このスタイルは一九九〇年代に進出したマクドナルドにも踏襲された。ハンバーガーも売ってはいるが、お得なフライドチキンと米飯のセットを大々的に売り出したのである。もちろんケチャップとチリソースは取り放題である。

その結果、インドネシアの常識として、欧米風のファストフード店のもっとも典型的な飲食物はフライドチキンとご飯のセットであるという感覚が根付いている。

ことほどさように西インドネシアの人びとにとって、食事とは米飯とおかずからなるものであるという感覚は強かった。チキンフィレサンドやハンバーガーはスナックに過ぎず、食事客を確保する商品としては力が不足していたのである。ただし、このような感覚は二〇一〇年代、二〇二〇年代と時代が下るにつれて、多少変化してきているように見受けられる。フォーやうどんやパスタやラーメンといった外来の麺類で食事を済ますということが起こり、ハンバーガーやチキンフィレサンドも食事に近い扱いをされるようになってきているようである。しかし、米飯に対するこだわりは今なお強い。

二〇〇〇年代初めに筆者が約二年の住み込み調査をした西ジャワ州農村部では、食事の献立は、標準的には米飯とラウック（主菜）が一種類以上、野菜の料理が一種類以上、クルプック（揚げせん）、サンバル（チリソース）となっていた。ラウックか野菜料理に辛い料理があればサンバルはなくてもよい。クルプックの代わりにキャッサバやもち米で作った多様なせんべいのどれかを用意してもよい（口絵参照）。きちんとした献立が構成できない場合の最低限の食事は、白いご飯にキダチトウガラシと塩とうまみ調味料をすりつぶした調味料の組み合わせである。この調味料は材料の頭文字をとってＣＵＰ（チェーウーペー）呼ばれている。

3　食事と軽食の区別

都市部の話として一九九六年から一九九七年にかけての西ジャワの州都バンドゥンでの経験を述べる。筆者は富裕層向けのケータリングの女性オーナー夫妻の家に寄宿し、オーナーを「お母さん」、大学教授の夫を「お父さん」と呼んで、数週間の調査を繰り返していた。居室が六つ、リビングが一階と二階にある豪邸であった。一階のリビングと続きの空間に、吹き抜けの食堂とオーブン付の四つ口コンロを置いた清潔な「前の台所」があり、家の裏には半屋外の開放的な空間で実際の調理を行う「後ろの台所」があった。この二つの台所は家庭用で、ケータリングの厨房は別にある。食事はたまたまタイミングが合った人と一緒にとることも多いが、基本は用意された食べ物をそれぞれ好きな時に勝手にとって食べる形式である。朝六時か七時頃に食堂へいくと、よくお父さんがパンを食べていた。薄切りの食パンにマーガリンを塗った上にチョコスプレーをどっさりのせたり、甘いチョコレートスプレッドを塗ったりとにかく甘くして食べるのである。お母さんはその日の気分で鶏粥を通りすがりの屋台で買ったり、近所の店から買ってこさせて、一緒に食べることもあった。鶏粥は、米の粥に中華風の揚げパン（油条）やゆでた鶏肉や、カリカリに揚げた大豆、葉セロリ、揚げたシャロットのチップスなどを入れて、スパイスなどで味付けをした粥である。

こういった朝の軽食をサラパンと呼ぶ。通常インドネシア語の辞書や教科書ではサラパンは朝食であるとされている。筆者もそれまでの三年間、サラパン＝朝食と思ってなんの問題もなく過ごしてきた。しかしお父さんは、サラパンと朝ご飯（マカン＝パギ）は別物なのだと言う。マカンは食べる、パギは朝という意味で、マカン＝パギは、文字通り朝食べることであるが、このマカンは米のご飯を含む食事を食べることを指しているというのである。

確かにこの家ではサラパンのあと、八時頃に米飯とおかずからなる食事が供されていた。「後ろの台所」で作った住み込みスタッフ用のまかない飯から家族の分が取り分けられて「前の台所」のコンロの上に並べられる。すると都合の合う家族が集まってきて食事をする。この食べ物は、傷みやすいもの以外は夕方までここに置きっぱなしにされて、いつでも自由に食べられるようになっている。サラパンを食べた人はこの食事を遅めにお昼に食べることもあるが、お父さんはいつもサラパンの後にすぐ朝ご飯として食べていた。

農村の食生活調査では、食事・軽食ともにその時間も機会も融通無碍であることが確認できた。理想的なパターンとしては朝八時頃の朝ご飯、夕方五時頃の晩ご飯という二回の食事のほかに、正午頃に軽食をとるという形があげられるのだが、実際には朝食前に軽食をとることもあれば、食事の時間が早くなったり遅くなったり、時と場合に応じて軽食を不規則にとることもあるのであった。

4　軽食のいろいろ

朝のサラパンの定番としては、ほかにもさまざまな食べ物がある。キャベツのかき揚げやバナナの天ぷら、素揚げのテンペや豆腐の揚げ物、澱粉の餅を揚げた物など各種の揚げ物は、朝から晩まで一日中おやつとしても食べられているし、その多くはおかずにもなるが、サラパンにも最適である。ロントン＝サユールは、スープカレーにうるち米のチマキが入っている。実際かなり満腹になるし、米でできているのでご飯と同じではないかと思うが、あくまでご飯ではないので、まだ「食べた」うちに入らないと感じるという。日本でも団子やせんべいやあられなど、米からできていてもご飯に代わる位置には据えにくい物があるように、調理法によっても認識が変わるのである。

この家は、朝から夜まで来客が絶えず、遠い親族や友人達も家族同然に気軽に「前の台所」に置かれた食べ物を食べていた。中でも印象に残ったのは、夜やってきたある女性が「今日すごく忙しくって、一日なにも食べてない」といって、保温ジャーからご飯を少し取って食べていたことである。それだけでは足りないのではと思って聞いてみると、実際には昼間に麺などいろいろなものを食べているのだが、しかし米飯を食べてないのだから「食べてない」というのである。

インドネシアでは挨拶代わりに「もう食べましたか」と質問することがある。これは「ご飯を食べたか」という意味であるとしばしば説明される。マカンは食べることを表すもっとも一般的な語なので、説明文では食べ物を摂取する時にはマカンを使うのだが、日常会話で使われるマカンは、基本的に米飯とおかずからなる食事をとることを指しているのである。

朝のサラパン以外に軽食を表す言葉をみてみよう。軽食を買い食いすることをジャジャン、市場で買い食いするような軽食の品を総称してジャジャン＝パサールあるいは名詞化の接尾辞 -an をつけてジャジャナン＝パサールという。パサールは「市場」を指す。ジャジャン＝パサールでネット検索をすると、古くからあるインドネシアの定番菓子が出てくる。米、小麦、サゴヤシ澱粉、キャッサバ、バナナ、ココナツやココナツミルクといった素朴な材料で作られるもので、甘い蒸し菓子や焼き菓子が多いが塩味の揚げ物もある。市場にかぎらず道端の露店やベーカリーやスーパーなどでも売っている。大人も子供もジャジャンをするが、特に子供は小学校でもジャジャンをするのが普通である。買い食いに限らず、軽くつまむような食べ物をチャミランと総称する。

動詞としてはムングミールを省略してングミールという語が、軽食を食べることに対して使われる。「おいしい」という語をつけて ngemil enak と検索すると、ジャジャンの品だけでなく、幅広く近年の流行り物が提示される。例えばパフェやスムージーやヨーグルト、パイ菓子やタルト、クッキー、シューマイなどの点心、焼きそばなどである。

軽食の品のバラエティを延々と述べることは紙数が許さないが、定番としては、夕方から夜にかけてよく食べられるバクソやサテがある。バクソは肉や魚を団子状にしたものである。バクソのスープにビーフンや小麦粉の麺をいれたものが至る所で売られている。バクソを食べることは、動詞化の接頭辞 nge- をつけてングバクソすなわち「バクソする」と言う。

サテは肉などの串焼きであり、甘辛いピーナツソースをかけたものがポピュラーである。米飯とともに食べれば立派な主菜であるが、屋台ではよくうるち米でできたチマキとともに供され、軽食扱いになる。チマキは、うるち米で作るもの、もち米で作るもの、味付けや包む葉っぱの種類の違い等でさまざまな種類があり、サテ以外にも揚げ豆腐や野菜とまぜあわせてピーナッツソースをかけて食べたり、スープカレーに入れたりとごく日常的な食べ物である。腹持ちがよいので、食事代わりに食べることも珍しくない。しかしご飯至上主義の人びとにとっては「食べた」ことにはならないのである。

注

〈1〉現在は炊飯器がかなり普及しているが、炊飯法は地域によってもさまざまである。西ジャワの伝統的な炊飯法は二度蒸し法である。洗った米を蒸し、表面をポンと叩いてみて適度に柔らかくなったら、別の容器に移して湯をかける。放置して米が湯を吸ったらもう一度蒸す。農村部での調査時（二〇〇〇年代初頭）はこれを簡略化した炊き蒸し法が一般的であった。適切に水加減した米を鍋で煮る。まだ湯が見える状態で火から鍋ごと下ろし、放置して水分を米に含ませる。そのあと蒸し器に移して蒸す。また、場合によっては炊き干し法で炊飯することもある。

参考文献

阿良田麻里子（二〇〇八）『世界の食文化6　インドネシア』農山漁村文化協会。

石毛直道（一九七八）「ハルマヘラ島、Galela 族の食生活」『国立民族学博物館研究報告』三巻二号、一五九－二七〇。

松山晃（一九九六）『東南アジアの伝統食文化：その形成と系譜』ドメス出版。

第Ⅲ部

日本の間食

第7章　現代日本の農村にみる間食とその類《たぐい》

間食・おやつ・菓子・お茶うけ

江頭宏昌

1　はじめに

二〇二四年の七月、山梨県早川町の農家を数名で訪問したときのこと。農家のお母さんが「まあ、あがってください」とおっしゃってくださったので、お言葉に甘えておじゃますることにした。すると応接台におもてなしの食べ物が運ばれてきた。

「昨日、掘ろうと思ったジャガイモがサルに食べられてしまってね。大きな芋は全部食べられたので、残ったのは小さな芋ばかり。その小さな芋で作ったの。何もないけど、あるものでごめんなさいね」。

これは「せいだのたまじ」という山梨県の郷土料理だという。何とも滋味深い味である。調べてみると「せいだのたまじ」は二、三センチメートル以下の小さなジャガイモを無駄なく食べる知恵が詰まった料理で、通常皮をむかないで作るもののようである。おもてなしのためであろうか。農家のお母さんは下ゆでして小さな芋の皮を一つ一つむいたあとに油で揚げて調理したのだそうである。芋が小さいので一口サイズで食べやすいし、芋の一つ一つにしっかり味がしみ込んでいて、後を引く美味しさである。農村を旅すると、こんな思いがけない間食に出合うことがしばしばである。

ところで、間食という言葉は、ふだんなにげなく使っている。類語におやつ、菓子、お茶うけなどの言葉もあるが、改めて間食とは何かを考えてみたい。都会生活で食べる間食は店から買ってくる商品が多いが、農村では、季節ごとに間食の材料が豊富にあり、手作りして食べることも多いので、忘れられた間食の意味を垣間見ることができるかもしれない。

そこで本稿では、日本の農村で食べられている間食を概観しながら、その内容と特徴について考えてみることにした。

2　間食とは何か

間食とは何か。本稿を書いている今も「間食」の定義は曖昧なままである。本稿ではさしあたり「朝昼晩の三度の食事以外で『小腹を満たす食べ物』」を「間食」として取り上げてみることにした。間食と食事との間に食べ物の種類に違いはあるだろうか。考えてみると、「せいだのたまじ」のように、食事でも食べる主食的食べ物（おにぎり、パン、麺類、芋類など）を食事の合間に小腹が空いたときに少量食べることもある。だとすれば、食べ物の種類で食事と間食とを厳密に分けることは難しそうである。雑穀やカンショで作る沖縄や奄美大島の発酵飲料ミキは、本来は祭事のお供え物である。奄美大島では清涼飲料として自家用に飲まれてきたが、商品化されて広く親しまれている。炭水化物を含んでいるためか、飲んでいるとお腹も満たされるのでミキも間食の一種ではないか。さらに間食には、まんじゅうや飴といった食事の最中には食べない菓子がある。間食の対象になる食べ物は、食事の食べ物より、種類の幅が広いのかもしれない。

3　日本の農村で出合った間食の事例

(1) お茶うけ

お茶うけという視点から間食を見渡しても実に多彩である。菓子、果物、漬物、惣菜など種類が多すぎて紹介しきれない。お茶うけで印象に残っている菓子は鶴岡市早田《わさだ》の農家でご馳走になった梅の甘煮である。一粒まるごとシロップで煮て冷やしたものであるが、夏の暑いときに麦茶といっしょにいただいた甘酸っぱい爽快感は忘れられない。またフキを栽培する農家が自家製のフキの砂糖漬けをお茶うけに出してくださったことがあるが、フキの香りと上品な甘さが素晴らしかった。

今から二〇年以上前、山形県鶴岡市の櫛引《くしびき》地区や朝日地区の在来のアズキを調べていたとき、農家で羊羹をごちそうになった。羊羹は、あずきから作るとなると時間と手間と技術を要し、行事食や冠婚葬祭、来客をもてなすといった、特別なときに作るものである。アズキは暮らしに欠かせないが、収量の年次間変動が激しい作物で、一種類しか栽培していないと豊凶の変動に悩まされることになる。農家によっては早生、中生、晩生のアズキ品種を栽培し、年間の必要量を確保しているという話を聞いた。

　福島県いわき市田人《たびと》でお会いした農家のお母さんは、料理上手な方で、自分の栽培する農作物で、「でんろく豆」、「あられ」、「そばがき」、「柿しそ」といったさまざまな手作りのおやつをいただいた。「でんろく豆」は自分の家に伝わる食味の良い在来の落花生を使い、豆を煎《い》って砂糖でコーティングしたお菓子である。「あられ」はもちを一口サイズに切って油で揚げたものだが、もちを作る段階からサトイモを練り込んでいるため、お母さんの作る「あられ」はひときわサクサクとした歯ざわりが心地良いのである。そばがきは、上手な人が作るとムースのようにふんわりした食べ物になる。山形では「かいもち」ともいい、じゅうねん（えごま）だれで食事として食べることもあるが、いわき市のお母さんのそばがきには蜂蜜がかけてあり、スイーツであった。干し柿を細長く切って梅干しのシソの葉を巻いた甘酸っぱい食べ物（スイーツ？）もごちそうになった。農家のお母さんが作る間食はどれも滋味深く、忘れがたい味わいであった。

　山形県金山町漆野という地区に一軒の農家が三代にわたり伝えてきた「漆野いんげん」という珍しいインゲンマメがある。インゲンマメは通常、若もぎしてサヤインゲンとして食べるか、完熟させて

写真１　漆野いんげんの甘煮
完熟莢が軟らかいのが特徴。豆が透けて見えるのが美しい。山形県金山町、2005年

莢《さや》から豆を取り出して甘煮にして食べる。漆野いんげんはその両方に使えるが、完熟した莢も繊維が軟らかいので、豆が入ったままの莢をそのまま甘煮にして食べることができる（写真1）。煮ると莢の中の豆が透き通るので、煮姿が美しく、家庭のおやつだけでなく、一部の菓子屋がスイーツにして販売している。また甘煮の汁も豆の風味が生きていて、自家用として寒天で固めて食べたりもする。

(2) 加熱した野菜類

子どものころ、トマトに砂糖をつけておやつとして食べた記憶があるが、生のままおやつになりそうな野菜は多くない。トウモロコシやエダマメ、芋類（サツマイモ、ジャガイモ、サトイモ）は加熱するだけで食べられ、お腹も満たされるので、古くから間食に利用されてきた。

エダマメはダイズと同種であるが、未成熟の時期に短い旬を楽しむ食べ物なので、ある意味ぜいたくな食べ物である。かつては豆名月を楽しむために全国各地で食べられていた慣行もある。

山形県鶴岡市には、「だだちゃ豆」という良食味の在来エダマメがある。「だだちゃ豆」というのは複数の品種・系統の総称で、七月下旬から九月中旬ころまで、数種類のだだちゃ豆がリレーしながら店頭に並ぶ。種類によって味や香りの特徴が若干異なるが、八月下旬に収穫される白山《しらやま》だだちゃは芳ばしい香り、甘味とうまみとのバランスも良く、豊かな味がするので地元では本だだちゃとも称される。鶴岡ではエダマメは酒のつまみとしての利用より、圧倒的に間食としての利用が多い。味噌汁に莢ごと入れたり、豆ご飯にする食べ方もあるが、大量に茹でてふだんから冷蔵庫にストックしておき、小腹が空いたときに好きなだけ食べる。来客のお茶うけに出すこともあるが、自家用としてもしっかり食べる。

沖縄本島の金武《きん》町や宜野湾市、奄美大島の笠利町屋仁《やに》など、島でも水に恵まれた地域では古くからミズイモとも称されるサトイモの一種が水田で栽培されている。沖縄では「田芋（たーうむ、たーんむ）」、奄美大島では「たーまん」と呼ばれ、親芋を囲むように子芋がつくことから、子孫繁栄の縁起物として正月や結納のお祝いには欠かせない食べ物として親しまれてきた。冬の一一月～二月ころが最も美味しいが、それ以外の時期にも収穫されるので、おやつとしても食べる。沖縄では特に味付けせず、半蒸し煮にしたものが販売され、そのまま食べるか、それを適当な大きさに切って素揚げにすると香りともっちりした食感が楽しめる。奄美大島では強火で茹でたあと、弱火で塩と砂糖を入れて煮る。いずれもおやつというより、特別感、高級感のある食べ物であろう。

(3) デンプンを加工・調理するもの

沖縄では、家庭菜園の片すみには島バナナやパパイヤなど、さまざまな果樹類がよく見られ、もちろんこれらも間食として利用されるが、キャッサバやクズウコンといったデンプンを利用する植物を目にすることがある。キャッサバからデンプン（タピオカ）を精製し、そのデンプンを水で溶いてチリビラ（ネギ）を加え、お好み焼きのようにして食べるヒラヤーチがある。クジキン（クズウコン）の根から取れるデンプンは、料理のとろみを付けるのに使ったり、葛湯《くずゆ》のようにして食べたり、チンピン（デンプンで黒糖入りのクレープを作って筒状に巻いたお菓子）などの菓子類を作る材料にする。

（4）シトギ

二〇一二年、山形県西川町大井沢の秋祭りに参加したときのこと。テントで休んでいると、食べてみてくださいと、祭りのスタッフとおもわれる年配の女性が参加者に何か食べ物を配っていた。手にした皿には、見たことも食べたこともない白い不定形の塊が載っていた。シロモチ（発音はしょもづ、書物に近い）というらしい（写真2）。おそるおそる口に運ぶと、ほんのり甘く、クルミの豊かな味がする生米の粉を練った食べ物だった。風味良く、口の中でサラサラと溶けていく感じが心地良く、非常に美味であった。食べているうち、これは神仏にお供えするシトギではないかとひらめいたが、シトギなら、普通は蒸したり焼いたり加熱して食べるだろう。生米を食べて、お腹をこわさないかと不安になったが、お腹の調子はその後も全く問題なかった。

その後、作り方を知ったのだが、臼《うす》と杵《きね》で生米を一時間以上搗いて粉砕したものに、砂糖やクルミと水を加えてさらに一時間以上搗くので、作るのに三時間以上を要するとのことである。生で食べても大丈夫なのは、長時間搗くことでデンプンが変性しているのではと思い、アルファ化米粉研究の専門家に調べていただいたところ、やはりアルファ化されており、そのままでも消化できることが明らかになった。元来は山の神にお供えするためのものが、人が工夫して楽しみやもてなしのために食べる食べ物にしたのかもしれない。その後、同県鶴岡市朝日地区でも「シロモチ」、山形県小国町でも「カラコ」と呼ばれる生シトギを食べていることを知った。生シトギを食べる文化は国内にどのくらいの広がりを持つのだろうか。今後の検討課題である。

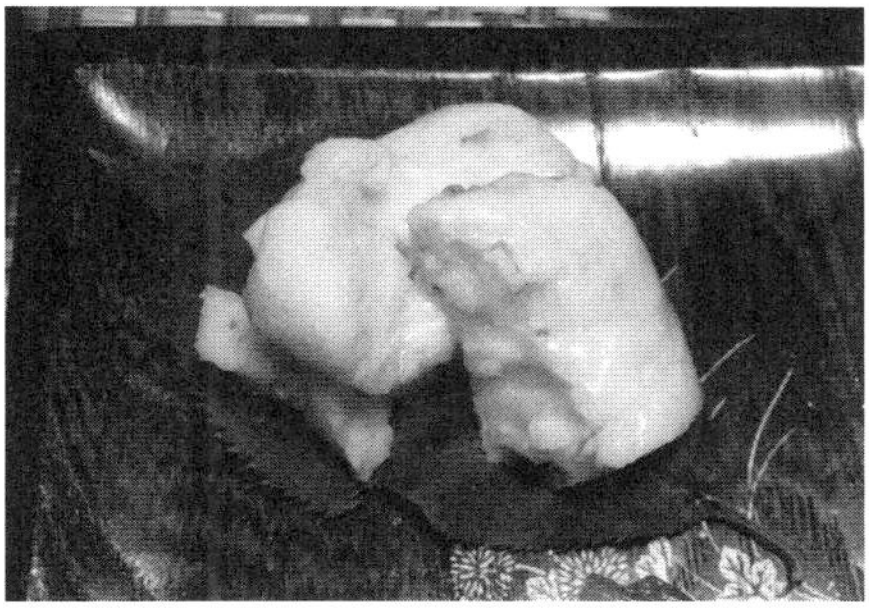

写真２　シロモチ（皿上の白い塊）
うるち米を杵と臼で３時間近く搗いて作る砂糖とクルミ入りの生シトギ。山形県西川町、2012年

(5) 焼き米

大分県豊後大野市の直売所を訪れたとき、焼き米が売られているのを見つけた（写真３）。育ちの良くない未熟な籾米、遅れ穂の籾米、田んぼの水を抜く溝を掘るために早刈りした籾米などを水につけ、茹でたり蒸したりしたあと、土鍋か鉄鍋で加熱し、熱いうちに杵で搗いて籾殻をはずすと、コーンフレーク状の焼き米ができる。できたては淡い緑色で美しく、長期保存も可能である。一般的には、焼き米に熱湯と少量の塩または砂糖を加えて間食として食べる。加熱によりデンプンがアルファ化しているので、そのまま

写真３　焼き米
加熱乾燥した米の伝統的保存食。大分県豊後大野市、2013 年

でも、あるいは水を加えただけでも食べられる。大分県のみならず、熊本県、島根県、広島県でも作られているようであるが、かつて四国、関東、東北などでも作られたようである。

(6) もち

もち（餅）はもち米などを蒸して臼と杵などを使って搗いて作られるもので、儀礼や年中行事には不可欠で、食事としても間食としても利用されてきた。糯性《もちせい》が存在する植物はイネだけでなく、アワ、キビ、オオムギなどの穀物にもあって古くから各地で利用されてきた。もちには各地にさまざまな食べ方やバリエーションがある。きな粉、あずき餡、砂糖、醤油、味噌、えごま、納豆などをからめて食べたり、雑煮のような汁物にしたりする。

餅にヨモギ、オヤマボクチ、ヤマブドウのような植物の葉を搗き込んで、風味や食感を良くしたり、軟らかさを保持したりすることが行われてきた。山形県鶴岡市をはじめ島根、鳥取、京都、栃木など日本各地にはあく抜きしたトチの実を搗き込んだ、とち餅を食べる文化がある。鶴岡市朝日地区や温海《あつみ》地区では自家用として正月に食べたり、町中の菓子屋がとち餅を作って年中、販売している。新潟県山北町（現村上市）や鶴岡市の日本海沿いの一部の集落には「芋もち」という、ジャガイモを灰汁で煮て餅に搗き込んで作られる餅がある。とち餅の風味に似ており、一説にはトチの実の入手が難しい地域でとち餅の代用として作られるようになったともいわれている。

飢饉のときに、少量でも腹持ちが良いからなのか、餅が利用された話をよく聞く。冷害で青立ちしたイネの稲わらを搗き込んだわら餅は山形県平田町（現酒田市）で作られた記録がある。アカマツの白い内皮を灰汁で軟らかくして餅に搗いた松皮餅は、その独特の風味と、松が長寿のシンボルであることから、秋田県由利本荘市で古くから親しまれ、今でもおやつとして販売されている。

(7) だんご、ちまきの類

だんごやちまきは全国に材料、製法、食べ方の種類が多すぎてとても紹介しきれない。だんごは穀類（米、コムギ、オオムギなど）の粉や芋を材料にして一定の形にして、蒸すなど加熱した食べ物である。穀類の粉が普及するのは手回し型の挽き臼が全国に普及した江戸中期以降で、米の場合、日常のだんごに用いられたのはうるちのくず米（実入りの悪いものや小さく割れたもの）粉でこれを糝粉《しんこ》といい、ハレの日のお供え物には普通のうるち米粉だったので上糝（新）粉といったという［奥村 二〇〇三］。後述するちまきのような保存性はないが植物の葉でゆるく包んだだんご、柏餅（カシワ）、いばら餅（サルトリイバラ）や茗荷餅（ミョウガ）（三重県、愛知県）のようなものもある。

ちまきは生の穀物を植物の葉で包んでひもでゆわえ、蒸す、または茹でてそのまま食べられる状態にしたもので、長期保存に耐えうる食べ物である［芳賀 一九九二］。ちまきには「もち米（粒）のちまき」のほか、米のもち粉とうるち粉、小麦粉、雑穀粉など、穀物の生粉を使って作る「だんごちまき」がある。また、ちまきの包材に使う植物の葉はササ、ススキ、ホオノキ、ゲットウなど、地域によってバリエーションがある。

山形県庄内地方には「笹巻」と称されるもち米の粒をササの葉で包んで作る、多様な色や形のちまきが伝えられている〔鶴岡市 二〇二三〕。最上川より南部の鶴岡市周辺は、鹿児島の「あくまき」のように、灰汁を使うので中身は黄色く米粒が溶けたゼリー状であるが、北部の酒田市周辺では灰汁を使わないので白色で粒が残った状態になる。巻き方は、三角巻き、たけのこ巻き、こぶし巻き、七つ祝いに使う大きなたけのこ巻きなどがある。

端午の節句（新暦または旧暦）を中心に作られることが多かったが、それ以外の行事、儀礼などにも利用されてきた。近年は直売所やスーパーなどで販売され、年中おやつとして食べられるようになった。二〇二三年には鶴岡市の笹巻が文化庁の「一〇〇年フード」に認定され、二〇二四年には庄内地方全体の「笹巻製造技術」が東北で初めて国の登録無形民俗文化財に認定されている。

(8) 干して作る間食

長野県天龍村には戦国時代の武士が携帯食として利用していたといわれる伝統的な柚餅子《ゆべし》が伝わっている（写真4）。全国的にゆべしというとクルミや砂糖などを練り込んだ餅菓子であるが、天龍村の柚餅子はユズの果実の上部を切って中身をくり抜き、そこに砂糖やクルミ、味噌などを練ったものを詰め込んで二時間ほど蒸したあと、二ヶ月ほど干して熟成させる。薄く切って食べる。

煮切り干し（干し芋、切り干しとも呼称）は三重県志摩半島の地域で一二月ころに作られるサツマイモの加工品である。芋を皮付きのまま茹でて熱いうちに皮をむく方法と、皮をむいてから茹でる方法がある。皮のない茹で芋を適当な大きさに切り、干し台で天日干しにする。もともと日持ち、腹持ちの良い煮切り干しを海女さんたちが間食として利用してきたものであるが、地元では海女さんに限らず広く食べられている。

写真４　天龍村の柚餅子
ユズの果実の中身をくり抜いて砂糖、クルミ入りの練り味噌を詰め、蒸して２、３ヶ月干した保存食。長野県天龍村、2011 年

長崎県対馬には「せん」と呼称されるサツマイモの発酵・保存食品がある（口絵参照）。対馬では土地の良くない畑でも手をかけずに栽培でき、飢饉対策の食料にもなることから、サツマイモは農家孝行の意味で「孝行いも」と呼ばれてきた。小さい芋や傷ついた芋を使って「せん（澱）」を作る。作り方は冬期に芋を唐臼などで砕き、水にさらしてあくを抜き、一〜二ヶ月発酵させると、中身は粘る状態になる。手で大きな団子状にし、一ヶ月干すと黒いカビに覆われる。黒い団子を水にさらし、唐臼で搗いて、水中で揉むと粘土のようなデンプンが沈殿する。水を替えながら沈殿物を洗い、ふきんなどにあげて水分を切る。二〜三センチメートルの小さな団子

状に丸め、親指、人差し指、中指で軽く押さえ人の鼻のような形にしてそのまま乾燥させる。乾燥したものを「せん」とか「鼻高だんご」といい、長期保存できる食品になる。

対馬で「せん」の調理を見せてもらったことがある。「せん」に熱湯を加えながら練って軟らかくし、小さく丸めて茹でれば「せんだんご」と呼ばれる黒蜜などで食べるスイーツになり、複数の小さな穴から押し出して茹でれば「ろくべえ」と呼ばれる麺になる。「せんだんご」も「ろくべえ」もサツマイモを思わせないつるつる・プリプリした食感がある。ちなみに「せん」と同じ製法でタカキビを加工して作る「きび団子」も同様の食感があった。

「せん」を作るには手間がかかるが、貴重な食材を無駄にせず、長期保存を可能にし、いつでも間食や準主食的なものを手軽に作ることができる素晴らしい食材である。

4　間食を選択するためのいくつかの要因

日本の農村でみてきた間食を紹介してきたが、その多様性には目をみはるものがある。しかし間食の選択に関する要因がありそうに思えてきた。一つ目は自家用か、おもてなし用か。二つ目は、日常食（ケの食）用なのか、あるいは行事食・儀礼食（ハレの食）用なのか。三つ目は作るのにかかる時間と手間が大きいか、小さいか。四つ目は、食べるときの手軽さである。例えば焼き米はそのままでもポリポリと食べることができるが、お湯を注ぐと軟らかくなって食べやすくなり、塩や砂糖を加えると食味も向上するので、臨機応変に食べ方を変えられる。五つ目は常温で長期保存が可能なのか否か。長期保存できても、味や品質が落ちるなら、そこでまた用途の選択が生まれるだろう。ある地域・季節で入手できる食材と、これら五つの要因とが相互に関係しながら間食を選択してきたのではないだろうか。

5　おわりに——近年の間食の変容

山形県庄内地方の「笹巻」がそうであるように、かつて農村の年中行事で食べた食べ物の作り手が高齢化、減少するとともに、一部は商品化・周年化が進み、ふだんの間食として利用できるようにもなっている。また冷蔵・冷凍保存による保存技術と電子レンジによる時短調理は、間食の食べ物の種類を一層拡大している。例えば、枝豆は旬の短い、保存性の悪い食べ物であったが、いまや茹で枝豆の冷凍食品があり、電子レンジで解凍すれば、年中食べられるようになった。さらに美味しさ、保存性、手軽さを持つだけでなく、健康機能性や栄養素の摂取源としての飲み物や食べ物が増え、間食は大きく変容しつつあるとともに、選択肢は拡大し続けている。

参考文献

奥村彪生（二〇〇三）「解説」農山漁村文化協会（編）『聞き書 ふるさとの家庭料理　第六巻だんご ちまき』農山漁村文化協会、二三七−二四五頁。

芳賀文子（一九九二）「まえがき」『ちまき』開文社出版。

鶴岡市（二〇二三）「令和四年度「笹巻」調査報告書」食文化創造都市鶴岡のホームページ、つるおか伝統菓子「鶴岡雛菓子」「笹巻」「とちもち」について。鶴岡伝統菓子「笹巻」。https://drive.google.com/file/d/1LhSkX2QHI5_J0C-JBVtkurSuNqQxSNqY/view

第8章　長野県の家庭料理、おやつの特徴
仕事の合間の一服文化

中澤弥子

1　信州人はお茶が好き？

旧中山道の馬籠宿出身の明治の文豪、島崎藤村が小説『破戒』の中で、「信州人ほど茶をたしなむ手合いも少なかろう。こういう飲みものを好むのは寒い山国に住む人々の生来の特色で、日に四五回ずつ集まって飲むことを楽しみにする家族が多いのである。丑松もやはり茶好きの仲間にはもれなかった。茶器を引き寄せ、無造作に入れて、濃く熱いやつを二人の客にも勧め、自分もまた茶椀を口唇に押しあてながら、香ばしく焙《あぶ》られた茶の葉のにおいを嗅いで見ると、急に気分が清々《せいせい》する。まあよみがえったような心地になる」（一部の漢字と仮名の表記を現代風に改めた）［島崎　一九七五］と記している。

藤村が小説で紹介している通り、信州（長野県）では、集まってお茶を飲む機会が多く、主人公の丑松がお茶によってリフレッシュしている様子が描かれている。東御《とうみ》市の昭和三〇年代の食生活の記録にも、「信州人はお茶が好きで、朝起きたてや朝食、仕事はじめ、おこびれ、昼食、昼寝起き、昼すぎのこびれ、夕方（ばかっ茶という）、夕食時など、一日に八〜九回はお茶を飲む。また、来客には必ず「お茶飲んでいきや」と、漬物や簡単な煮物を添えてお茶を出し、何杯でも注ぎ足してもてなす。この時のお茶うけが大事で、日ごろのずく（やる気）の有無が試される」（「おこびれ」「こびれ」は間食を指す長野の方言）とお茶について記している［とうみ食の風土記編纂委員会 二〇二〇］。

このように、信州では日常や農作業など共同で行う仕事の合間において、お茶の時間を設けて共食を大切にする習慣がある。そして、そのお茶には、多彩な「お茶うけ」が準備される。もちろん、最近は、ペットボトルのお茶類や、お茶うけとして、市販の菓子や果物が出されることもあるが、その一方で、今も変わらず自家製の漬物や季節の家庭料理、昔ながらの手作りのおやつをいただく機会が多くある。本章では、著者が食文化調査や生活の中で経験してきた信州の間食、お茶の文化について紹介する。

2　信州におけるお茶の時間の意味

著者は長野市に一九九九年から暮らしており、食文化の調査をはじめ、米作り、果樹栽培、野菜や豆類の播種《はしゅ》や収穫そして草取りなどの農作業や、味噌や漬物などの食品加工、おやきや五平餅などの郷土料理の講習会の途中や終了後に、様々な楽しい「お茶のみ会」を信州各地で経験してきた。仕事が一段落すると、または終了すると、「ではお茶にしましょう」と、飲み物と様々な「お茶うけ」が準備され（口絵参照）、みんなで楽しく会話を楽しみ心身ともにリフレッシュする。絶妙のタイミングで「お茶のみ会」が提案され、プラスチック容器などに入れて持ち寄られた何種類ものお茶うけを取り回しながら、世間話や相談事、また、自慢のお茶うけの説明など、話に花を咲かせることになる。水分補給や栄養補給が適切に行われ、身体を休めることができるので、疲れが緩和され再び元気が湧いてくる。そのため、残りの作業を楽しく能率的に行うことができる。お茶の時間は、疲れすぎる前に休息をとり共同作業を円滑に進める重要なリフレッシュタイムと感心する。また、お茶の時間によって共同作業の機会が楽しみになる。

3　信州における間食文化の形成

信州のお茶は、前述の通り、一杯に限らず、飲み干す前に何度も注ぎ足すのがいつものことであり（口絵参照）、そのためお茶の時間にはポットにたっぷりのお湯が準備される。これらの「お茶の時間」や「お茶うけ」が、信州でどのように根付いてきたのか、筆者が二〇〇一～二〇〇二年に行った長野県内六市町村（川上村、豊里村小井田［現上田市］、南穂高村［現安曇野《あずみの》市］、小谷《おたり》村、下諏訪町、麻績《おみ》村）の調査結果を中心に紹介する。調査は一九四一年に行われた民俗学的調査の記録である『日本の食文化』〔成城大学民俗学研究所編　一九九〇、一九九五〕を基礎資料として、食文化の変化を把握するために、ほぼ同様の聞き取り調査を同一地域で実施したものである。間食に関しては、呼び名、間食を食べる時間とその種類について、調査対象者の子どもの頃と二〇〇一～二〇〇二年の状況を聞き取り、両時点における状況が異なるものについては、それまでに至る変化とその時期と理由について調査した。

基礎資料によると一九四一年頃の間食はコビレ・コビル・コビリ・コジュウハンなどと呼ばれ、聞き取り調査でも同様の呼び方を聞いたことがあるという回答は多く得られた。しかし、コビレ・コビル・コビリ・コジュウハンなどの呼び方は、昭和二〇年代初め頃まで、調査対象者の親の世代までが日常使った言葉で、調査対象者の多くは日常使っていないので、その子ども世代ではこの言葉は知らないという。戦後は、食事の間に食べることを、一般には「お茶にする」、「お茶の時間にする」や「お茶を飲む」という表現で呼んでおり、また、「お茶」を「お茶っ子」（小谷村）、「お茶の子」（下諏訪町）とも呼んで、田植えや稲刈りなど忙しい時、また、昭和四〇年代初め頃までの農作業が重労働であった春先から秋までには一日二回ほど、時間は午前一〇時頃と午後三時頃に食べたという話が得られた。「田植えの時には一〇時にでっかいお握をふたつ食べた。おなかがすいて、食べなきゃからだがもたない」（小谷村）など、農作業の合間のお茶は、重労働のため食べる必要があり、時を定めず何度もお茶にすることもあったという。

また、当時の生活は、隣近所との付き合いが大切で、隣も同じ生活をしているので不足のものがあれば隣から貸してもらう相互扶助の生活で、集落や、隣近所がひとつの大家族的な存在だった。それで、外での農作業がなくなる冬季の間でも、隣近所で和みのお茶のみ会が頻繁に楽しまれてきたという。電話もないのにどうやって隣近所の間食の時間がわかるのか尋ねたところ、なんとなくわかったそうで、特に意識しなくてもお茶の時間に隣近所から集まってお茶の時間になったという。生活のリズムがほぼ同じで、一息つきたい時間が共通していたから察知できるのか、現在でも、調査や会議などの後のお茶の時間に、近所の方が野菜や手料理などの手土産を持参して来られて、一緒にお茶の時間を楽しむ機会が多くある。

その他、間食の機会としては、調査対象者の子どもの頃までは、もらい風呂が行われていて（旧豊里村・小谷村・麻績村）、薪《まき》を節約するために風呂桶を隣近所で移動させて、風呂を沸かし、その時に人が集まり、お茶の時間が設けられたという。お茶うけが準備され、ごちそうがあるのでうれしかった（小谷村）という。人が集うとお茶にして、交流を深める習慣が信州では根付いていたことがうかがわれる。

間食の内容としては、基礎資料では、一九四一年頃は握飯（むすび）、焼米および香煎、焼餅、米・麦・そばのまんじゅう、煮物、大根漬・菜漬・奈良漬などの漬物、菓子などが記されている。また、旧豊里村小井田では、茶うけとして漬物がふつうであり、菓子は上等で、奈良漬なども上等の部であり、旧南穂高村では、菓子はあっても漬物はかならず出すことになっていると記されており、間食には漬物が欠かせないことがうかがわれる。

聞き取り調査の結果では、重労働の農作業における間食の内容は、焼餅、握飯（むすび：下諏訪町：丸または俵形に握って周りに味噌をつけてこんがりと焼く。またはきなこ、ゴマをまぶす）、ふかした芋、うすやき（地域によってせんべいともいう。小麦粉生地をホウロクで焼く。米粉を加えることもある。旧豊里村小井田：にらのうすやき、砂糖味噌をつけて食べる。下諏訪町：残りご飯や味噌を入れる）、煮物、煮豆、漬物、せんべいなどの菓子などと日本茶で、エネルギー的には食事の内容と変わらず、握飯が多く利用された。漬物は年間を通してお茶うけの中で重要な位置を占め、特に冬場の貴重な保存食であり、大根漬

写真１　凍り餅作り
池田町、2014 年

写真２　醤油豆
王滝村、2015 年

とお葉漬（野沢菜漬の呼び名）が中心に食されていた。なお、普段の間食の時には煎茶が飲まれ、昭和三五年頃にポットが出回ると、お茶出しが楽になり、ほっとしたという［だんどりの会／飯綱町 二〇一〇］。

地域で特有の食べ方のお茶うけとしては、川上村［中澤 二〇一三］ではハリコシダンゴと言われるソバ粉や小麦粉を溶いて、ショウガ、ネギ、味噌を入れ練ってホウロクやストーブで焼いたもの、旧豊里村小井田［中澤 二〇一〇a］では、こねつけ（ご飯と小麦粉を混ぜてこねたものを焼いて味噌だれをつける）、旧南穂高村［中澤 二〇一〇b］や小谷村［中澤 二〇一一a］では凍り餅（写真1）やお醬油の実（地域によって醬油豆とも呼ばれる。黒豆や大豆を煮たり蒸して麹をつけ豆麹を作り、米麹などを加えて作る）、麻績村［中澤 二〇一二］では凍り餅と醬油豆（写真2）、下諏訪町［中澤 二〇一一b］でも凍り餅が回答された。旧南穂高村では、年よりが集まって醬油の実をお茶うけに出し、「できはどうか」と話の種になっていたとのことで、お茶うけのできが話題になって、お茶の時間が楽しまれていたことが推察される。

4 信州の近年の間食文化の特徴と変化

二〇〇一〜二〇〇二年当時の間食については、機械化による省力化から共同作業を行う機会が減り、人が集まるお茶の機会は少なくなった。また、重労働ではなくなったので、農作業の間食として大量の食べ物を提供する必要がなくなった。それで、漬物や凍り餅など、お茶うけのための加工品を作る量は、以前に比べると少なくなったと回答された。農家であっても、多くの食品を購入する食生活に変化し、労働量が減り、健康維持のためにも量を食べなくなった。間食について食べ方は昔と変わらないが、食べる機会や食べる量が少なくなったと回答された。昔と同様、一日二回、同じ時間ぐらい(午前一〇時と午後三時頃)をお茶の時間にすることが多く、以前は日本茶だけであったが、コーヒーや紅茶を飲む家庭もあった。

二〇〇一~二〇〇二年の少量のお茶うけには、自家製漬物や自家製の煮豆、買ったお菓子(せんべい、駄菓子など)、パンなどを食べていると回答された。つまり、お茶うけに自家製漬物を食べるという習慣は残されていた。特に、お葉漬(野沢菜漬)は、冬中(一二~三月)食べられており、お葉漬自体は、三~四月まであるそうだが、だんだんと飽きられ、味も多少変わってくるということで、以前は漬物を捨てることはなかったが、余ると捨てるという。それでも、野沢菜漬を塩抜きして、油で炒めたり、煮たり、焼餅(おやき)のあんにして食べる工夫はやっているという。わざわざ漬物を作る理由としては、「買ってくるよりもおいしいものが作れる。買ってくると途切れることがある。習慣。みんな作るから。安上がり」という回答が得られた。その他、うすやき、まんじゅうなどを作って食べる家もあったが、以前に比べるとその頻度や量は減っていた。

たとえば旧南穂高村では、凍り餅について、コンバインになってうるち米ともち米が混ざらぬよう、家でもち米を栽培しなくなったので作るのをやめたという回答や、暖冬なので作れない、マイナス五

写真３　テーブルの上に我が家の味がてんこ盛り
長野市鬼無里、2013年

℃くらいまで気温が下がって凍《し》みないと作れないという、気候変動の影響も回答された。一方、作る理由としては、「好きなので今でも作る」ということで、当然のことながら、作る本人がその食品を好きかどうかが、続けて作られる大事な要因であることが示された。また、あられを作り続けている調査対象は、その理由として「上手」、「とてもおいしい」と褒められ、作って欲しいと求められるため「ないってわけにはいかない」という答えが返ってきた。「上手と周囲から褒められること」、そして「あってあたりまえ」という感覚が作り続けるエネルギーであるように思われた。

このように、信州においてお茶の時間は、家族みんなが農作業に携わっていた時代に、家族の中で、また、隣近所や集落の中の相互扶助の共同作業に対するねぎらいの気持ちを込めた軽食の提供であり、冬場も交流の場として生活に定着してきた重要な習慣であった。そのため、現在においても、自前のお茶うけを楽しむ習慣が生活に浸透している地域が多く残っている。寄合いの時には、昔から自前のお茶うけを持ち寄るのが習慣だったため、現在はいつもとはいかないが、テーブルの上に我が家の味がてんこ盛りとなるお茶の機会が残されている（写真3）。顔なじみのメンバーが集まり、気軽なお茶のみの会が始まり、家族の病気や鳥獣害の話題など、暗い話題も出るが、お茶うけを囲んで世間話を楽しみ、また、新しい野菜のおいしい料理の仕方など、お茶うけについても情報交換をして、楽しく盛り上がる。平均寿命も健康寿命も長い長野県民の健康の秘訣は、リフレッシュするこのお茶うけ文化にあるように思う。

5　信州の定番のお茶うけとせんぜ畑

信州のお茶うけには、粉もの、飯類、餅類、果物や漬物類、煮物や煮豆など、季節の山菜・畑作物やその加工食品を利用した様々なものがある。定番のお茶うけを表1と写真4〜11で示した。手作りのお茶うけには、食材を無駄なく利用し、食べる人のことを思っておいしく食べて欲しいという作り手の思いが込められる。ただし、近年では、お茶のみの会にペットボトルのお茶や市販の菓子を利用することも多くなり、互いに無理せず、お茶の時間が楽しまれている。

なお、信州のおいしいお茶うけの材料として季節の野菜や芋・豆類が利用されるが、その食材を生

表１　信州のお茶に登場するお茶うけの例

区分	お茶うけの例
粉もの・飯類・餅類	焼き餅／おやき・にらせんべい／にらのうすやき・こねつけ・あられ・草餅・柏餅・笹餅・よもぎだんご・みたらしだんご・おからだんご・ぼたもち・くるみおはぎ・にぶかし／たきおこわ・かりんとう・やしょうま・蒸しパン・凍り餅（佐久地方、諏訪盆地、伊那谷、安曇野）
漬物類	野沢菜漬・すんき漬（木曽地方）・たくわん漬・梅漬・梅干し・ぬか漬／どぶ漬・味噌漬・なす漬・きゅうり漬・辛子漬・かす漬／奈良漬・らっきょう漬・こしょう漬（飯綱町・信濃町）・福神漬・酢漬
煮物・煮豆	大根煮物・ふきの煮物・小芋の煮っころがし・大根びき（鬼無里・西山地方）・ごぼうの太煮・田植え／凍み大根煮物・かぼちゃ煮物・お葉漬煮・ひたし豆／青ばつ煮豆・花豆煮豆／紫花豆煮豆・くらかけ豆煮豆・黒豆煮豆・大豆の五目煮・おなっとう（佐久地方）
総菜類	きんぴら・手作りこんにゃく・いもなます（飯山地方）・炒り豆・むじなだんご・わらびのお浸し・佃煮・和え物・酢の物・ちくわ揚げ・白和え・なす干しの味噌炒め
季節の果物	りんご・あんず・プルーン・桃・柚餅子・煮りんご・干しりんご・干し柿・ゆで栗・かりんのシロップ漬
その他	枝豆・えんどう豆・ゆでとうもろこし・ゆでた地豆／落花生・地豆の味噌がらめ・ふかし芋・干し芋・魚肉ソーセージ・甘酒・醤油の実／醤油豆・寒天寄せ・えご／いご・ひだみ（王滝村）

資料：『ひらがな料理』［ひらがな料理普及隊 2017］、『令和５年度特別展図録　飯綱町と食べごと文化』［いいづな歴史ふれあい館　2023］

写真５　こねつけ
佐久市、2015 年

写真４　丸なす一つをそのまま使ったおやき
飯綱町、2023 年

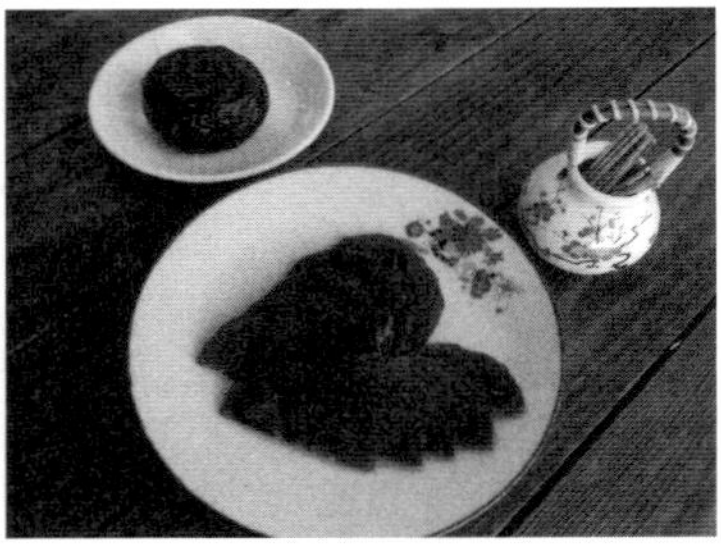

写真6　柚餅子
泰阜村、2015年

写真7　寒天寄せ
岡谷市、2015年

写真8　ひだみ（どんぐり）の餅とあん
王滝村、2015年

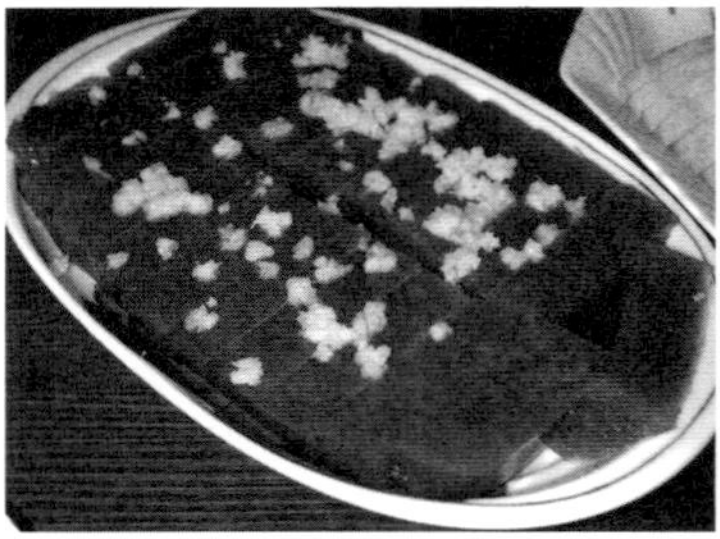

写真9　えご／いご
小谷村、2004年

写真10　かりんのシロップ漬
下諏訪町、2015年

写真11　かす漬／奈良漬と梅漬
青木村、2015年

み出す自家用作物を育てる庭続きの畑を、信州では「せんぜ畑」や「せんざい畑」などと呼んでいる［いいづな歴史ふれあい館 二〇二三、とうみ食の風土記編纂委員会 二〇二〇］。せんぜ畑で一年の季節の巡りとともに様々な作物が育てられ、その旬の作物でお茶うけが作られ、その味をいただくことで、自然とのつながりが実感されている。

6 お茶うけ文化の次世代への継承にむけて

信州各地でお茶とお茶うけを囲む場から、女性たちが起業して地域の特産品が生み出されている。加工所や直売所を立ち上げ、加工品としてたくさんのお茶うけが販売されている。地域の風土や歴史・風習の中で個性を活かしながら創意工夫され、育まれてきた地域特有の食文化である数々のお茶うけが、特産品として長野県内外に知られていくことになっている。

かつては、地域の共同作業や冠婚葬祭を通して、各地の独自の食べごとの文化が地域や家庭で次世代へ引き継がれてきたが、その機会が乏しくなって久しい。また、ここ数年にわたる新型コロナウイルス感染症の拡大のために、地域の共同作業や集まりが遠慮され、お茶うけを作る機会や持ち寄り味わう機会が減り、その影響が懸念されているところであるが、それだけにお茶の時間やお茶うけの楽しみやその価値など、その重要性が再認識されているように思う。人が集まり、茶を飲みながら季節やこだわりのおいしいお茶うけを食べ、おしゃべりでつながるこの楽しさを若い世代に伝えたい。信州のお茶の時間やお茶うけ文化の価値を改めて見直し、地域や家庭で、気軽にお茶の時間を設けて、お茶うけを楽しむ習慣を次世代に根付かせ、生活をリフレッシュするこの知恵を、若い世代に継承したいと思う。

参考文献

いいづな歴史ふれあい館(二〇二三)『令和5年度特別展図録 飯綱町と食べごと文化』。

島崎藤村(一九七五)『筑摩現代文学大系 8 島崎藤村集(一)』筑摩書房。

成城大学民俗学研究所編(一九九〇)『日本の食文化』岩崎美術社。

成城大学民俗学研究所編(一九九五)『日本の食文化(補遺編)』岩崎美術社。

だんどりの会/飯綱町(二〇一〇)『信州いいづな 食の風土記』農山漁村文化協会。

とうみ食の風土記編纂委員会編(二〇二〇)『信州東御《とうみ》 食の風土記』農山漁村文化協会。

中澤弥子(二〇一〇a)「長野県上田市小井田における食文化の変化――昭和16年(1941)と平成13年(2001)の聞き取り調査の比較から」『会誌食文化研究』No.6。

中澤弥子(二〇一〇b)「長野県安曇野市豊科南穂高における食文化の変化――昭和16年(1941)と平成13年(2001)の聞き取り調査の比較から」『長野県短期大学紀要』第六五号。

中澤弥子(二〇一一a)「長野県北安曇郡小谷村北小谷における食文化の変化――昭和16(1941)年と平成17(2005)年の聞き取り調査の比較から」『会誌食文化研究』No.7。

中澤弥子(二〇一一b)「長野県諏訪郡下諏訪町高木における食文化の変化――昭和16(1941)年と平成17

（2005）年の聞き取り調査の比較から」『長野県短期大学紀要』第六六号。

中澤弥子（二〇一二）「長野県東筑摩郡麻績村における食文化の変化――昭和16（1941）年と平成17（2005）年の聞き取り調査の比較から」『会誌食文化研究』No.8。

中澤弥子（二〇一三）「長野県南佐久郡川上村における食文化の変化――食卓、調理機器、祝儀・不祝儀の食および間食についての聞き取り調査の比較」『会誌食文化研究』No.9。

ひらがな料理普及隊（二〇一七）『ひらがな料理』長野県農村文化協会。

第9章　間食と食事との相互変化
民俗学の見た食文化研究より

山田慎也

1　間食の捉え方

現在、間食としてイメージされるものは、さまざまな菓子や嗜好品など多様な種類の食べ物を、三度の食事としてではなく食べるとイメージされているのではないだろうか。現代においては、間食となる食べ物がさまざまな場にあふれているといっても過言ではない。

間食に関して厚生労働省の生活習慣病予防のための健康情報サイトでは、間食のエネルギーという表題で以下のように述べている。「間食とは、食事（朝食・昼食・夕食）以外に摂取するエネルギー源となる食べ物と飲み物のことで、その種類は、お菓子・嗜好飲料（ジュースやお酒）・果物・菓子パン・

ファストフードなど様々です。間食には、食事だけでは摂取できない栄養素を補うだけでなく、仕事や勉強などでの気分転換、生活にうるおいを与えるなどの役割があります〈1〉」といい、食事以外のエネルギー源でもあるとし、気分転換や生活の潤いなどの機能を指摘している。

厚生労働省のこのような記述から、間食とは通常すぐ食べることができる食品が多くの部分を占めると想定されていることがわかる。そこで改めて間食とは何かと考えた際に、いつどのように、何を食べるかといったことがまず指摘できよう。こうした食品の種類だけでなく、食べ方などはむしろ食文化として把握する必要がある。そこで本論では、民俗学的な観点から間食がどのように捉えられてきたのか、その位置づけを明らかにし、そのなかで間食の持つ文化的意義について検討していきたい。

2　日本における食習慣と民俗学

さて、民俗学においては、食習慣も重要な課題のひとつであった。民俗学を大成した柳田国男が生活の変化における諸文化にも注目していくなかで、当然食の民俗についても注目している。まず『明治大正史　世相篇』［柳田　一九三一］においては、温かい料理への欲求や米をはじめとした柔らかい食物への移行、魚の調理法の変遷を取り上げ、鮓からの変遷や醤油との関係を考察している。また、蔬《そ》菜《さい》の摂取法、果物から菓子、砂糖の使われ方といった嗜好の変化、急速に広まる肉食への考察、野外での食から外食への展開など、近代の急速な食の変化を検討している［柳田　一九三一］。つまり、ここでは単なる食品の変化だけでなくその食べ方の変化にも注目しているのであった。

そしてこの『明治大正史 世相篇』以降、毎年食習慣に関する論考を発表していくこととなる。一九三二年には「食物と心臓」(『信濃教育』五四三号)、一九三三年には「生と死と食物」(『旅と伝説』「誕生と葬礼号」第六年七月号)、一九三四年には「餅の臼と擂鉢」(『社会経済史学』)、一九三五年には「午餉と間食」(『高志路』一巻一一号)とつづき、ある程度研究の見通しを立てていくのであった[関沢 二〇二三]。昭和初期には食習慣にとどまらず、さまざまな生活慣習についてその語彙を集積しつつ、民俗の変遷について検討していく、柳田民俗学の生成期であった。

そのなかでも、一九三六年に発表した「食制の研究」(『旅と伝説』「食制研究号」第九年一月号)では、食習慣の研究方針を示すこととなる。その研究対象の分類として第一に「食品」、第二に「食制」、第三に「食料」、第四に「食具」の四項目に分けていくことを示した。食品とは、一つ一つの食物の名と形と拵え方と由来等であり、食制とは、「食べ方」、家内限りや他人を喚び、また集まって食べること、さらに食べる時と処の機制についてをいう。そして食料とは食品の素材となるものであり、食具とは飲食に関する器具を示し、こうした分野に分けて進めていく必要があるという[柳田 一九四〇]。

そこでそれぞれの分類において、柳田は、食制研究の重要性を、「通例は家内限り、或時には他人を喚びまた集まって食べ、食べる時と処とにも定まった約束があり、多くの食品はそれぞれにある食制を伴のうている。飲食の社会的意義とも名づくべきものは、主として此方面(食制)に発揮せられたので、私などの様に成るべく他の民俗との交渉を明らかにしようとする者は気をつけて観るべき事実が一ばんに茲に多い」といい、民俗学は食制への注目をすべきで、またそのために食品への関心を向けることが重要であると指摘する。

そして、それまでの論考を編集して単著としてまとめ、一九三九年には『木綿以前のこと』（創元社）［柳田 一九三九］、また一九四〇年には『食物と心臓』（創元社）［柳田 一九四〇］が刊行される。こうして、食習慣に関するさまざまな報告が集積され、語彙を集積して比較し、その民俗の変遷を明らかにしようとしたのである。つまり、柳田が方向性を示すための著作を刊行し、そして資料収集と方向性を提示して語彙を収集整理していくのである。これは他の分野においても同様であった〈2〉。

そして当時すでに行われていた山村調査や海村調査のように、食の慣習調査も採集手帳を作成しての全国調査が企画された。実際には柳田門下の橋浦泰雄が大政翼賛会に企画を持ち込み、正式に民間伝承の会として委託を受けることとなった。一九四一年に『食習採集手帖』の要項目次が『民間伝承』六巻八号にて発表され、二年間の調査となった［関沢 二〇二三］。

従来の山村調査や海村調査では、柳田のもとで研究をしていた弟子たちが現地に赴いて調査をしたため、調査項目の検討や調査途中での情報交換など各調査者間の連携がとられていたが、この食習採集調査は、戦時中でもあり東京から各地に向かうことは困難であったため、地方在住の研究者や『民間伝承』での公募に応じた人が自らの地域を調査した［竹内 一九九一］。

だが、これらの調査成果のまとめや、各種語彙集のような『飲食習俗語彙』の作成にもすぐには進まなかった。ただこの調査では、食制という食事の食べ方についての関心が高かった。なかでもハレとケにおける食品とその食べ方への関心が払われていた。〈3〉食の発展はハレの食事の展開と関係する。ただしそのけじめを粗略にする家だけが只の日にもこしらえるようになるとの認識があった。

そして戦後になると、一九六二（昭和三七）年〜一九六四（昭和三九）年に後の文化庁の前身である文化財保護委員会主導による「民俗資料緊急調査」が行われた。その成果の一つは、『日本民俗地図』全一〇巻となり、そのうち第九集が「食生活」編となり、主食の内容－粒食、主食の内容－粉食、主食の配合率、間食の名称、間食の内容－午前、間食の内容－午後、弁当入れを全国地図に落としたものであった〈4〉［文化庁編 一九八八］。

また、國學院大學が中心となり、食習慣に関する語彙集として『分類食物習俗語彙』［柳田 一九七四］が編集され、成城大学民俗学研究所が所蔵していた一九四一年の『食習採集手帖』調査をまとめたものが『日本の食文化－昭和初期・全国食事習俗の記録』［成城大学民俗学研究所編 一九九〇］として刊行された。こうしておもに高度経済成長期以前の食生活の復元として成果が公になったのである。

3　間食への視点

さて、柳田はすでに食習調査を行う前から、自身の関心としてすでに間食についての論考「午餉と間食」を一九三五年に発表し、のちに『食物と心臓』に収録している。それはとくに昼食と間食との関係であった［柳田 一九四〇］。

ここでは、まずゴチョウという語彙に注目する。ゴチョウとは、越後で住宅の普請において近隣親戚知己などが施主に贈る飲食物をいう。またイレゴチョウは、客を招かずにその代わりに酒食を贈ることをいう。そして新潟県古志郡では、「牛腸」と書く。佐渡でも普請の際に贈る飲食物をゴチョウといい、民謡では「バンショさんゴチョだ、ひのきさげじゅうに麦饅頭」ともあるという。[5] また能登『鹿島郡誌』でも「ゴチョ」とは大漁新築などの祝い品をいうとある。[6]

そこで柳田はゴチョウは牛腸ではなく、ゴショウつまり「午餉」がもとの意味で、これは屋外での昼食をさし、中世には広く使われた言葉であるという。近世までは食事の回数は二度であり、改まった何かある日には、その中間にヒルゲとして食べたことで午餉であるという。

そして家づくりなどに限定されていくのは、家づくりが永い世代の運勢を繋げるような心構えが人々にあり、かつては人々の合力により家が造られていったが、専門の職人が入ってくることで、労務では加担することが少なくなり、合力が酒食に変形していったと指摘する。

このような家づくりに関して特別な変化はゴチョウだけではなく、西日本においては「ケンズイ」も同様であるという。ケンズイは、壱岐では大工棟梁に定まった賃金以外に酒や俵物を贈ることをいうだけでなく、新築の作業なかばに親戚の家から見舞いに持ってくる酒肴、時には米麦の食料もあった。こうして西日本でひろく「普請見舞」としてケンズイの語が使われていた。琉球でも親戚の家普請の際に大工などに酒肴を贈ることをキンズィーなどといっている。

ただ、ゴチョウと同様、家普請だけに限らず、先ほどの壱岐の場合には参宮還りの祝宴の日に、親類知己から贈ってくる米俵もいい、翌日もう一度親戚や講中の加勢人を招いて饗応することをケンズイ開きといっているのは、もらい物が本来は調理品であったことをうかがわせるという。

さらに、大工とは関係のない形での使用もあり、山城の久世郡では午後の間食のことをケンズイといい、また大和ではやはりケンズイは間食のことであり、午前のものをアサケンズイ、午後のケンズイを八つ茶ともいう。このケンズイは、間炊のほか、建水、間水などともかくが、もとは「間食」の中古音であったという。

こうして柳田は、家の新築や船の新造など、広い範囲でゴチョウが使われており、これをゴショウ(午餉)と位置づけ、野外での共同飲食ではあるが、一方で正式の膳を設けないことを餉の食事の特色として理解している。そしてケンズイも同様に建築に特化する場合と、間食一般に拡大するという二通りの展開を示し、食事がかつて二食であり、昼食自体が間食から発するなかで、民俗の事例からその始原を推定しているのである。こうして昼が正式の食事となることで、普請や外での臨時の食事が、ゴチョウやケンズイとして特化していくことを指摘するのである。このように儀礼を含む食事以外のものとの関わりの検討がなされているのであった。

4　間食の地域的特色

そして、戦後になると食習調査やそのほかの緊急調査などの成果によって、文化庁が『日本民俗地図』を編集、発行する［文化庁編　一九八八］。その民俗地図のなかで間食については、「間食の名称」。「間食の内容－午前」、「間食の内容－午後」の三種類の地図が掲載されている。

このなかで、まず午後に間食をとる地域は全国的に分布している。また午前と午後に間食をとる地域は、東北各県から南関東そして中部地方の山梨県や長野県、新潟県、北陸三県、東海地方西部、近畿地方、中国地方の山陽側、九州地方に濃密に分布している。一方で、早朝に間食をとる地域は、福島県の浜通り地方から茨城県北部、栃木県東部にかけてまばらに分布し、東海地方の静岡県西部から愛知県東部にかけて濃密に分布する。また中国地方東部から四国東部にかけて密であり、また山口中国西部から九州地方にかけても濃密である。こうした早朝に間食をとる地域では午前の間食はない。

また呼称に関しても、コビル・コビリはかなりひろく全国的である。またヒルマを間食として用いるところが西日本の香川、広島などにみられる。さらにコジュウハンは、福島県浜通りから関東で濃厚である。このように間食を起源とする昼食の呼称をさらに間食の意味合いで用いる地域が多いのも特徴的である。

また柳田が指摘したケンズイも［柳田　一九四〇］、近畿地方などでみられ、奈良では、アサケンズイ・ヒルケンズイ・ヒルカラケンズイなどと時間によって区分して用いられている。

また間食をとる時間を指したものである、ヨツ・ヨツメシは四つ時からきたもので午前の間食であり、ヤツは八つ時で午後の間食、いわゆるおやつである。そのほか、お茶から派生したチャノコ、オチャなどは、関東から西の地域に広く分布している。静岡、山梨では、ユウジャ・ヨウジャなどと時間を重ねて使われている。さらにタバコ・タバコヤスミというのは宮城を中心に東北でみられる。

こうして、間食を起源とする昼食が正式の食事となるなかで、昼食の呼称を間食としてさらに差異化していることがわかる。一方、嗜好を満たすものとしての、オチャ、タバコなども、その摂取する物から間食を指す名称が生じていることもある。

間食の食品としては、午前の間食には冷や飯や茶漬けなどが多くみられる。また特徴的なものとして芋が挙げられるが、九州地方ではサツマイモ、東海地方西部ではサトイモなど、種類がことなっている。また近畿ではお粥や茶粥なども特徴的である［文化庁編 一九八八］。

午後の間食では、近畿の午前と同様にお粥や茶粥などもあるが、サツマイモは関東以西から九州地方まで広範にみられる。また麦こがしや団子もかなり広範囲である。おこわや赤飯も間食として食されるが、ただ、これは田植え時など特別な時であり、東北・関東・中部・九州などに分布している。

こうした間食の例としてたとえば千葉県佐倉市の内田では、以下のように述べられている［文化庁編 一九八八］。

　間食　ヤスミ・コビルなどといって、午前と午後の二回、むすびを手で食べるのが普通であった。田植えの時には、午前はぼた餅、きな粉ぼた餅に漬物を添え、午後はショッケメシ（コブ・かんぴょうを煮込み、しょうゆで味付けして、めしに混ぜる）、スメシ（かんぴょう、卵をめしに混ぜ込み、酢で味付けする）などを出す。仕事の激しいとき以外には、みそ・しょうゆで味付けしたすいとんのような小麦粉でつくったものを食べたが、米の足しというよりは品変わりと考えていた。ほかに、イモボタモチ・すいか・まくわうり・かぼちゃ・とうもろこしなどかなり食べていた。そばも食べたが、「買ったそばはたべられない」といって、自家製が多かった。家でつくる菓子は正月の餅でつくったかき餅やあられ、それにやき米・小麦まんじゅう、コガシなどがあった。

これをみると、ショッケメシ、スメシ、すいとん、そばなどは食事における主食ともなるものである一方、カボチャは間食にも副食にもなるものである。そして、ぼた餅、かき餅、あられ、小麦まんじゅうなどは、年中行事などのハレの食品でもあり、すいか、まくわうりなどは嗜好品に近いものでもある。

このように食事においては、基本的には主食、副菜となるものを揃えて食べるものとして捉えられるのに対し、間食はその中の単品、もしくはハレの日に作られる食品やその加工品などであり、間食としてとられる食品の種類は、日常、非日常にまたがるものであった。さらに主食に近いものから嗜好品まで幅広く自由に選択してきた。

こうして、その後の高度経済成長期の食品産業の展開によって間食となる食品はさらに拡大していったのである。

5　揺れ動く食事と間食――葬儀における食を例として

さて、食事は、朝昼夜などの一定の時間に、基本的に主食、副菜となるものをそろえて摂取するものである。一方、今まで見てきたように従来の民俗報告によれば、間食の場合には、食事の残り物だけではなく、非日常的ないわゆるハレの食品となるものも包み込みながら摂取されており、食品の範囲はかなり広いもので多種多様であることがわかる。

食習調査でも注目されていたように、日常と非日常、いわゆるハレとケの食事も調査の重要な対象であり、ハレとケの食事の関係を含めて考えることで、より間食の特質を明らかにできると考えられる。そこで、非日常の事例として葬儀における食を素材として以下見ていきたい。

かつて、葬儀における食として最も重視された食事は本膳であった。例えば、東京都大田区馬込の久保地区では、親椀（飯椀）にはご飯、お平（平椀）には芋・ニンジン・コンニャク・蓮・油揚げを盛り、皿は糸こんにゃく、ツボ（壺椀）にはクワイが一個か大豆の甘煮、小ぶりの御椀は味噌汁であった。つまり肉や魚を用いない精進料理である。(7) これを用意するのは近所の手伝いの人であった。だが、これらの対応が大変だというので、本膳をやめることを講中で決めたという。その代わりにスミキリ（八寸角の隅のない折）として菓子（羊羹一つ、ハスの花一つ、生菓子一つ）になり、それから菓子屋の商品券に代わっていったという［大田区史編さん委員会 一九八三］。

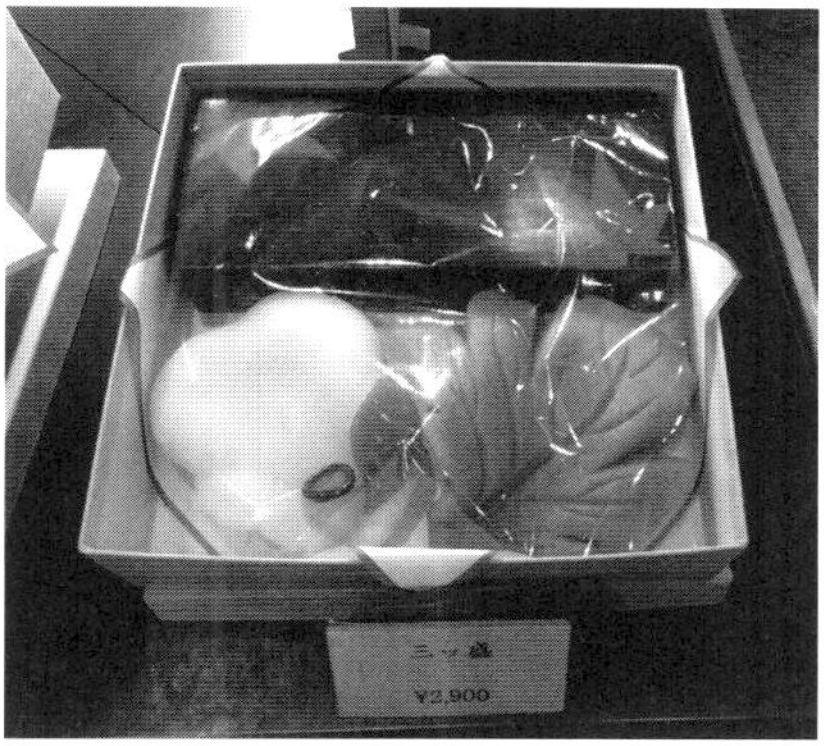

写真１　三つ盛の菓子の見本
青森市　甘精堂本店、2023年。

また糀谷のある旧家では、お平の中に油揚げではなく、がんもどきを盛り、他に香々（タクアン）がつき、味噌汁の実は豆腐と油揚げであった。こうした大豆製品の精進の本膳から、やはり菓子（塩竈）になり、そのあと五〇銭や三〇銭の菓子切手にかわり、やがて戦中の配給制になって廃止したという［大田区史編さん委員会 一九八三］。

つまり、儀礼としての食い別れの本膳は食事として位置づけられてきたが、スミキリの折は、ミツグミ（三つ組み）、モツモリ（三つ盛り）ともいわれる菓子であり、東京では葬儀で食事の代替として配られることが多かった［村上 一九九〇］。また糀谷では、いずれも食事の代替として、菓子（塩竈）に変化していく様子がうかがえる。こうして食事の代替として間食となる菓子に変化していくことが見て取れる。

このような本膳から菓子という単純な変化ではなく、本膳という食事から菓子という間食の食品への展開に至る段階的な変容を見ることができるのが遠州地方である。

現在まで遠州地方では、葬儀や法事等での引き出物についてくるものとして、オヒラパン（お平パン）といわれるものがある。このオヒラパンは小麦粉を材料にクッキーのように焼いた甘い堅パンであり、全国的には卵パ

写真2　砂糖がけのお平パン
浜松市　菓秀ひらの屋、2024年。

ンなどといわれている菓子と同じである。ただし、大きさはかなり大きく、長径一五～一七センチメートルほど、短径八センチメートルほどの楕円形のパンであり、裏どうしを合わせて二枚一組として引き出物に入る。そこに一般的には小粒のゼリーが三個つくことが多く、このゼリーをオツボといっている。

オヒラパンとオツボということから、これは本膳料理における平と壺の料理の代替であることがわかる。当然、本来は遠州一帯でも、葬儀や法要などではその食事は本膳であり、飯椀にはご飯、汁椀には味噌汁、また平はがんもどきであり、壺は野菜の煮物であった。このオヒラパンは、おもに戦後、本膳の代替としてよく使われるようになったという[8]。

浜松市浜名区三ヶ日町三ヶ日製菓の伊藤公夫氏によれば、葬儀の折に本膳を用意をしていたが、戦後になるとご飯と味噌汁と漬物は実際のものを用意し、平の料理の代わりにオヒラパンを、また壺の料理の代わりに椎茸やサヤエンドウなどの野菜をかたどった落雁を用意したという。このように料理の代替としてオヒラパンと、壺として野菜形の落雁を用意したが、お膳に盛ることはなく、ご飯と味噌汁、漬物だけを食べてもらい、オヒラパンとオツボの落雁は持って帰るものとなった。こうした状況が戦後しばらく続いたという。

さらに、壺として野菜の煮物の代わりに落雁を作っていたが、しだいに落雁ではなくゼリーとなっていった。そこでは野菜の落雁が三個であったため、ゼリーも三個ずつとなっていた。

また、浜松市中央区中野町の菓秀ひらの屋の平野祐次氏によれば、かつては菓子屋として、台引、口取り、お平・オツボの三種類の菓子を用意したという。台引は三種類の大きな押しもの（ハクセッコ）であり、菊、牡丹などの打菓子であったという。そして口取りは、椎茸、筍など野菜の形で五種類あり、またお平はオヒラパンであり、オツボもハクセッコの野菜の型押しものであったという。ところで台引とは、台引物ともいう本膳に附ける肴であり、食べずに持ち帰るものである。また口取りも本来は蒲鉾や卵焼などの料理で酒の肴であり、お平や壺も料理である。それがすべて、甘いハクセッコの打菓子もしくは堅パン、つまり菓子に変化していく。

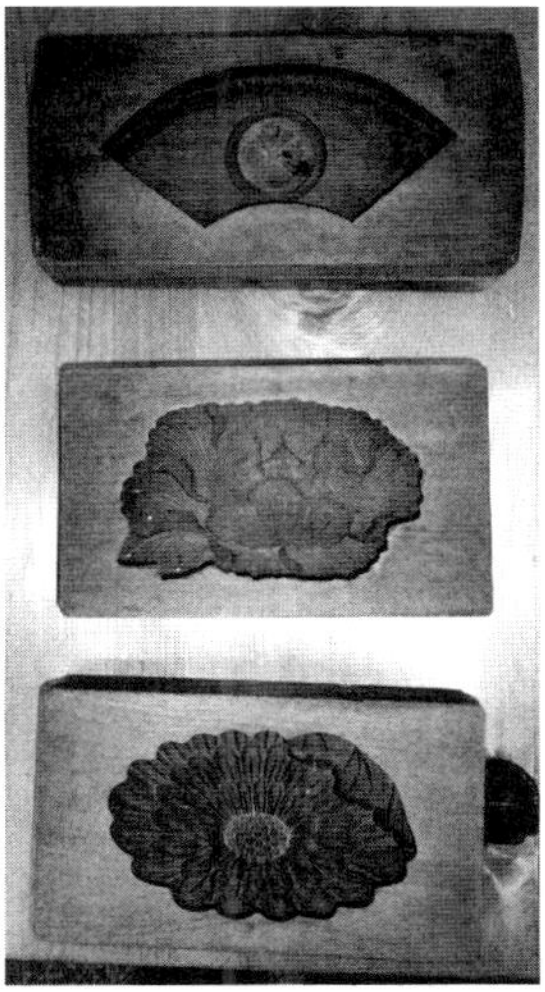

写真３　ハクセッコの台引の型
浜松市　菓秀ひらの屋、2024年。

その後、台引はハクセッコの押しものから饅頭にかわるという。また地域によっては、オヒラパンではなくハクセッコでがんもどきを模した物もあり、またハクセッコのがんもどきの後、オヒラマンジュウといい、中に餡の入った饅頭になる地域もあった［浜松市博物館 二〇〇八］。このように、遠州地方においては、本膳という食事から、その趣旨を残しつつも、食事ではない、菓子という嗜好的な間食の食品へとの流れを跡づけることができる。

6　非日常の食事として

ところで、葬儀などの儀礼における本膳などの正式の食事は、日常の朝や昼、夜といった定時の食事とは位置づけが異なっている。

前述の東京都大田区の報告書では、葬儀の出棺時に死者との食い別れとして本膳が参列者に出されていた。これは朝食でも昼食でもないものであった。そして、戦前には葬列が行われており、寺で引導式など葬儀の中心的な儀礼が行われ、その後土葬の場合は埋葬、また火葬が行われるようになると火葬後拾骨して納骨を行った。その後、埋葬や火葬に立ち会った親族や手伝いの人々には、本膳が出され、また酒が振る舞われていた。特に土葬の際には棺を担ぎ埋葬を行うロクシャクは上座に座っていた。本膳の内容はやはり豆腐などの精進料理であったという［大田区史編さん委員会　一九八三］。この食事について特に名称がなかったが、次第に魚も使われるようになり、寿司などの一般のご馳走と変わらなくなっていったという。またこれを後には、「精進落とし」などという場合や、初七日法要が繰り上がり葬儀の後に行われるようになると、これを「ナノカ」という場合もあった。

そして葬儀後の食事には東京では広く、刺身や寿司などの魚がつくようになり、本膳の代わりに仕出し料理屋からの折り詰めなどに変化していった。またその後はプラスチックパックの仕出し料理に代わっていった。ただそれでも本膳料理を意識したもので、刺身や焼物、煮物などの料理が入っている。

そして初七日法要を葬儀当日の火葬後に行うことで、葬儀が終わったという精進落としの膳としての側面を持つようになった。ただし、それをとる時間は午後遅くの場合が多く、午後三時や四時頃であり、昼食ともまた夕食と別のものであった〔山田 二〇〇七〕。

ところが、二〇〇〇年代頃から、葬儀の簡素化にともなって、葬儀後の食事が次第に昼食を意識するようになっていった。東京及びその周辺の地域では特にその傾向が強くみられるようになる。とくに火葬場付設の葬儀場などでは、午前一〇時や一一時に葬儀式が開式となり、約一時間でおわって出棺・火葬となる。そうなると火葬を待つ時間がだいたい正午から午後一時といった昼食どきとなる。

とくに東京二三区内の多くの火葬場は民営であり、火葬炉の構造から火葬時間は約一時間で拾骨まで終わる。一方他の公営火葬場では二時間程度の場合が多い。従来であれば、火葬中は、お酒やそのつまみとともに、海苔

写真4　アゲの膳
和歌山県串本町古座、1993年。

写真５　精進落としの洋風松花堂弁当
千葉県習志野市、2023 年。

巻や稲荷寿司、お握り、弁当などを持ち込んで昼食としていた。そして拾骨後、初七日法要を行い、あらためて精進落としなどの食事となっていた。

しかし、火葬後拾骨してすぐ解散できることもメリットとなり、この火葬の待ち時間に控室で、この松花堂弁当などで精進落としとして食事をするようになっていく。その松花堂弁当もかつての精進落としの仕出し料理よりは簡素となり、その場で食べ終えられるものとなっている。つまり、多少改まった昼食ではあるが、かつての本膳を意識した正式の料理という性格はなくなっているのであった。つまり、儀礼という非日常の食事と言うよりも日常の昼食の側面が強くなっているのであった。

8　食事と間食との相互変化

まず、民俗学における食習慣研究からみると、本来、昼食自体が間食から展開して食事に位置づけられていく中で、さらに生活の必要性から間食の幅が広がり増加していくだけでなく、食事とは異なるものとして認識されることで、その対象となる食品は、主食や副菜など食事に近いものから、嗜好品や変わりもの、代用食などの多様なものを含み込んで展開していくことが明らかとなった。

しかも同じ食品であっても、食べる時間や他の食品との取り合わせ方によっても間食となっていくことがわかる。さらに、葬儀の本膳のように儀礼の食事といった非日常の食事は、日常の三度の食事とは異なっており、その扱われ方とその食べものによっては、間食となっていったのであり、さらには日常の食事に移行していく場合など、食事と間食が相互に影響を及ぼしながら、生活を形成し、またその時代に合わせた豊かな食習慣を形成していることがわかるのである。

注

〈1〉厚生労働省「e-ヘルスネット」https://www.e-healthnet.mhlw.go.jp/information/food/e-03-013.html 二〇二四年八月一二日。

〈2〉例えば、葬制研究について柳田が研究の方向を定め、語彙を収集するという展開については［山田 二〇一二］を参照されたい。

〈3〉調査項目については、Ⅰ日常の食事習俗、Ⅱハレ（非日常）の食事習俗、Ⅲ飢饉時の食事習俗、Ⅳ日常食事概要一覧表、Ⅴ主要食料品一人一カ年の使用量概算表であり、ハレとケを大きく分けている［竹内 一九九一］。

〈4〉民俗資料緊急調査の成果として、『日本民俗地図』以外に『日本の民俗』全四七巻（第一法規出版）、『日本の衣と食』（明玄書房）などがある［関沢 二〇二三］。

〈5〉現在の新潟県長岡市、見附市、小千谷市の一部。

〈6〉『佐渡相川の歴史』によれば、建築に際して施主に贈り物をすることを総称して牛腸といい、呼牛腸は牛腸振舞いともいい、施主の重親類（近い親類の意）の家で大工などを呼びご馳走をすることをいう。入牛腸とは施主の家に親類が酒、金、品物を贈ることでインゴチョウといった［相川町史編纂委員会編 一九八六］。

〈7〉大田区の場合、出棺前に行われ、飯椀のご飯は一膳だけであり、死者との別れの食事であった［大田区史編さん委員会 一九八三］。

〈8〉オヒラパンは戦前期からすでにあったという［浜松市博物館 二〇〇八］。

参考文献

相川町史編纂委員会編（一九八六）『佐渡相川の歴史』資料集八「相川の民俗Ⅰ」新潟県佐渡郡相川町。

石毛直道（二〇一二）『日本の食』石毛直道自選著作集第六巻 ドメス出版。

江原絢子・石川尚子・東四柳祥子（二〇〇九）『日本食物史』吉川弘文館。

大田区史編さん委員会編（一九八三）『大田区史』（資料編）民俗、東京都大田区。

成城大学民俗学研究所編（一九九〇）『日本の食文化』岩崎美術社。

関沢まゆみ（二〇二三）「民俗学における食習研究の視点」『国立歴史民俗博物館研究報告』二四一。

竹内由紀子（一九九一）「「食習調査」成果についての一考察」『常民文化』一四。

豊島裕之編（一九九九）『食の思想と行動』講座 食の文化 第六巻、味の素食の文化センター。

浜松市博物館（二〇〇八）『浜松ものづくり展 和菓子をつくる』浜松市博物館。

文化庁（一九八八）『日本民俗地図』Ⅸ、文化庁。

民間伝承の会編（一九四二）『食習採集手帖』民間伝承の会。

村上興匡（一九九〇）「大正期東京における葬送儀礼の変化と近代化」『宗教研究』六四（一）。

柳田国男（一九三一）「明治大正史 世相編」『柳田国男全集』五、一九九八、筑摩書房。

柳田国男（一九三九）「木綿以前の事」『柳田国男全集』九、一九九八、筑摩書房。

柳田国男（一九四〇）「食物と心臓」『柳田国男全集』一〇、一九九八、筑摩書房。

柳田国男（一九七四）『分類食物習俗語彙』角川書店。

山田慎也（二〇〇七）『現代日本の死と葬儀――葬祭業の展開と死生観の変容』東京大学出版会。

山田慎也（二〇一一）「山村調査、海村調査における葬制の位置づけとその目的」『国立歴史民俗博物館研究報告』一六五号。

第Ⅳ部

間食と社会

第10章　間食の実態とその内容
栄養疫学研究からの知見

佐々木敏

1　はじめに――栄養疫学の歴史と目的

疫学（epidemiology）は、文字通り、感染症の流行時にその実態を明らかにし、その対策を探るために生まれ、用いられてきた調査・研究手法である。一八五四年にイギリスのロンドンで発生したコレラの原因を探り、感染拡大の抑止に寄与したジョン・スノーの調査は近代疫学の誕生として知られている［ジョンソン 二〇〇七］。

その後、感染症以外の疾病や健康状態も対象とするようになり、「対策を探るため」という目的から、結果である疾病や健康状態だけでなく、原因である曝露因子も調査対象として重要になっていった。食中毒や生活習慣病を扱う疫学研究では、当然ながら、食事が重要な曝露因子であり、この流れで、栄養を扱う疫学、栄養疫学（nutritional epidemiology）が生まれた。食事要因、特に飽和脂肪酸の過剰摂取と心筋梗塞死亡率の関連を明らかにすべく、一九五〇年代後半に開始されたSeven Countries Studyは、栄養疫学研究の先行事例としてだけでなく、その後の栄養疫学研究の拡大や発展に大きく貢献したという点において特筆に値する［Menotti & Puddu 2015］。

疫学の結果は「平均値」や「相関係数」など集団の代表値として表現される。そのために、どうしても一定人数以上の対象者を必要とする。単純にいえば測定数が多いほど結果が安定し、信頼度の高い結果を得やすい。そのために、「大規模であることを好む大雑把な学問」という誤解を受けやすい。この風評に対しては疫学者自身も反省すべき点が多いが、疫学の本質は、規模が大きいことではなく、すべての人や事象を公平に（バイアスをかけずに）評価するところにある。しかしながら、一人の人や少数の事例をていねいに観察し、そこから本質に迫ろうとする研究手法とは逆である。この点において、民俗学や文化人類学の中心的な研究手法とは相容れないところが大きい。しかし、だからこそ、栄養疫学は食文化の実態とその本質を探るための強力な研究手法のひとつになりうると私は考えている。本章では、栄養疫学の知見を用いて「間食とはなにか」を考えることによって、食文化研究における栄養疫学の可能性と動向についてみることにしたい。

2　間食とはなにか？

栄養疫学でも「間食」という用語の定義はまだ統一されていない［Hess, Jonnalagadda & Slavin 2016］。英語ではsnackという単語が間食を意味する場合もあるし、特定の食品を意味する場合もある。そのために、ある意味で日本における「間食」の定義よりも問題はさらに複雑である。栄養疫学では、間食は「通常の食事（meal）の間になにか食べ物を食べたり高エネルギーの飲み物を飲んだりすること」と定義されることが多い［Hess, Jonnalagadda & Slavin 2016］。するとmealの定義が必要になるが、これにもまだじゅうぶんな定義は与えられていない。

そこで本章では、間食だけに注目するのではなく、通常の食事（meal）も含めてすべての食事を栄養疫学的に扱った研究を選び、日本における研究の限界、ならびに本書の紙面の都合を考慮して、日本と主に西ヨーロッパ諸国で行われた研究結果を簡単に見てみたいと思う。特に、「いつ食べているのか？」と「なに（エネルギー・主要栄養素ならびに主要食品群）を食べているのか？」の二つに注目する。

（1）いつ食べているのか？

図1は日本人男女を対象として食事開始時刻の分布を調べた調査結果の一部である［Murakami,

Livingstone, Masayasu, et al. 2022]。この研究では季節ごとに二日間、四季節合計で八日間の半秤量式食事記録法が用いられた。対象者は日本の地域ごとの人口分布に比例して全国から抽出され、あらかじめ設定された年齢区分ごとにほぼ同人数が抽出された。したがって、結果はほぼ日本人成人の代表値だと見ることができる。ただし、この種の濃密な調査に参加する人たちは一般人よりも健康意識が高い

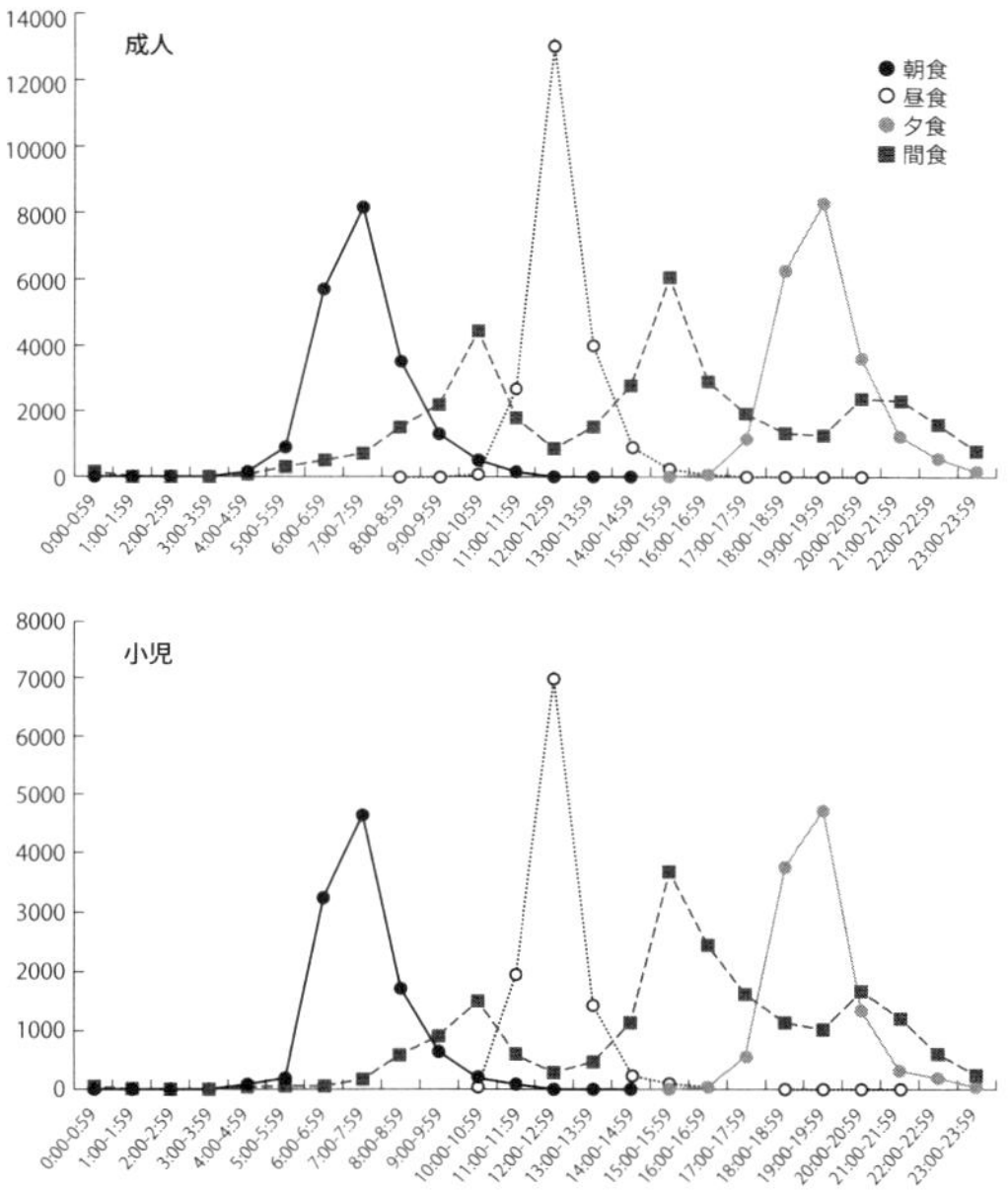

図１　日本人男女における朝食、昼食、夕食、間食別、食事開始時刻別にみた食事頻度の分布

[Murakami, Livingstone, Masayasu, et al. 2022]

季節ごとに２日間（合計８日間）に取られていた合計食事頻度。朝食、昼食、夕食の頻度は１日に最大１回として記録され、間食には上限は設けられなかった。

上：成人（20 ～ 79 歳：2681 人）、下：小児（1 ～ 19 歳：1351 人）

傾向にあることが知られておりhealth-conscious biasと呼ばれる。このバイアスは食習慣についてもある程度ありうると考えられるため、この結果が日本人の平均像だと考えるのは早計かもしれない。

成人も小児もほとんど同じ頻度分布が認められた。昼食には一二時台に明確なピークが存在した一方、朝食と夕食はそれぞれ六時台~八時台と一八時台~二〇時台のそれぞれ三時間のあいだに多くの人が食べ始めているようすがわかる。間食には一五時台と一〇時台に比較的に明瞭なピークが認められ、二〇時台と二一時台に小さなピークが認められた。なおこの研究では、朝食、昼食、夕食、間食と書かれた食事記録用紙が対象者に渡され、対象者は食事ごとに四つの区分のうちどの食事を食べたかを自分で決め、該当する記録用紙に、その食事の内容（食品名や重量、摂取開始時刻など）を記入した。

図2は西ヨーロッパ一〇か国で行われた研究結果のうち、特徴的だった三か国（フランス、スペイン、ノルウェー）の結果である［Huseinovic, Winkvist, Freisling, et al. 2019］。この研究では二四時間思い出し法が使われ、調査前日（正確には過去二四時間）に対象者が食べたものとその関連情報を聞き取り担当者（インタビュアー）が聞き取った。食事はあらかじめ、朝食前、朝食、午前中、昼食前、昼食、昼食後、午後、夕食前、夕食、夕食後、夜の一一の区分に分けて聞き取られた。図2の縦軸は食事の合計回数に対する割合（%）で表示されている。フランスとスペインでは朝食、昼食、夕食の三食の摂取時刻のピークが明確に認められる。日本はこちらに近い。一方、ノルウェーではこれら三食の摂取時刻のピークはあまり明確ではない。つまり、フランスとスペインでは朝食、昼食、夕食の三食が（間食とは区別されて）はっきりと存在し、ノルウェーでは朝食、昼食、夕食と間食との区別があいまいなよ

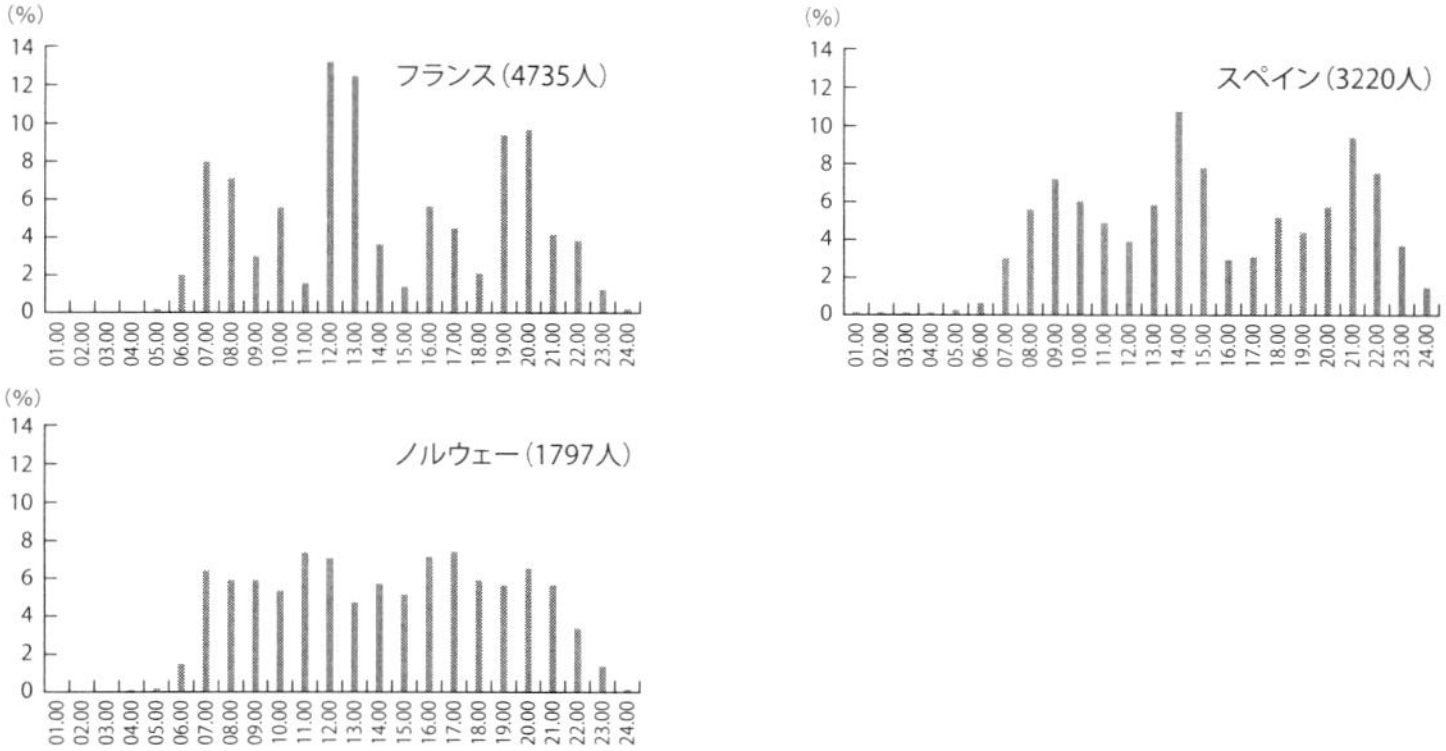

図2　西ヨーロッパ10か国で行われた研究。特徴的な結果が得られた3か国。
[Huseinovic, Winkvist, Freisling, et al. 2019]
24時間思い出し法が使われ、食事はあらかじめ、朝食前、朝食、午前中、昼食前、昼食、昼食後、午後、夕食前、夕食、夕食後、夜の11の区分に分けて聞き取られた。
縦軸は合計食事回数に対する割合（%）で表示されている。

うに見える。しかし、この解釈には注意を要する。個人のなかで朝食、昼食、夕食、間食の区別があいまいで、そういう人が多いためにこのような分布になったのか、それとも、個人は朝食、昼食、夕食、間食は区別しているが、その食事時刻に個人差が大きく、単純に食事頻度を合計したためにこのような分布になったのかの判別はできない。

朝食、昼食、夕食の三食が（間食とは区別されて）明確なフランスやスペインに似た分布形は、他にギリシャやイタリアといった地中海諸国で見られた。イギリスは一般集団と健康意識が高い集団の二つの集団を対象として調査がなされていて、健康意識が高い集団がこの分布に近い分布形を示した。逆に、他のスカンジナビア諸国（スウェーデンとデンマーク）はノルウェーに近い分布形を示した。オランダ、ドイツ、イギリス一般集団は、両者のあいだの分布形を示した。いわゆる地中海食が健康食として注目され、その栄養成分や特徴的な食品（ワインやオリーブ油など）に関心が集まりがちであるが、地中海食の健康食としての特徴は構成成分や構成食品だけでなく、食事時刻といった食行動面からも研究が進められるべきであることを示していて興味深い。そして、フランスと日本の分布形が地中海諸国のほうに分類されたのもまた興味深い。

とりあえず朝食、昼食、夕食（と本人が認識している食事）以外の食事として間食を定義するならば、間食の摂取頻度が占める割合が食事全体のなかで相対的に低いのが地中海諸国や日本で、間食の摂取頻度が占める割合が食事全体のなかで相対的に高いのがスカンジナビア諸国やその近隣の北西ヨーロッパ諸国であると言える。すると、間食で摂取しているエネルギー摂取量（注：カロリーと同義であるが栄養学ではエネルギーと呼ぶことが多く、カロリーはエネルギーの単位kcalとして用いられることが多い）や主要栄養素摂取量の割合に関心が向く。さらにはそれをどのような食品から摂取しているかに関心が向く。そこで、続いて、エネルギーや主要栄養素、主要食品群の摂取量を食事別に見てみることにしたい。

（2）なにを食べているのか？

図3は日本人成人男女（それぞれ一一六人と一一九人）を対象として行われた調査結果の一部、食事開始時刻ごとのエネルギー摂取量の分布である［Tani, Asakura, Sasaki, et al. 2015］。この研究では季節ご

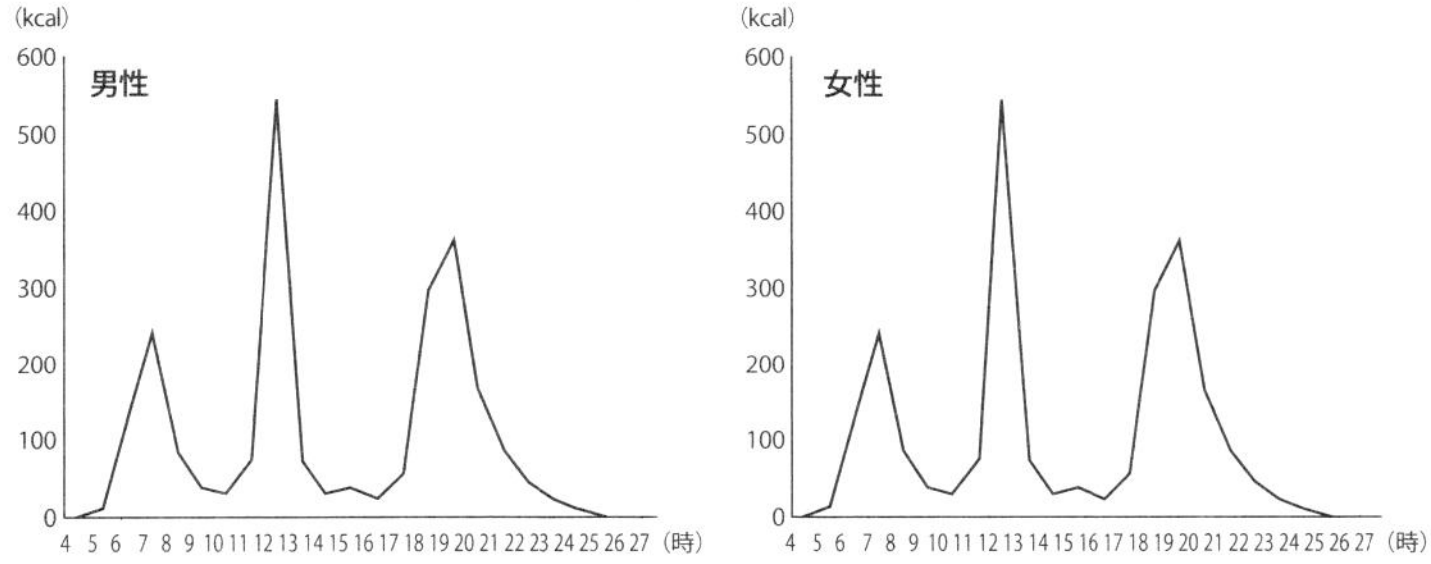

図3　日本人成人男女（男性 116 人（左）、女性 119 人（右））を対象として、食事機会別にエネルギーおよびエネルギー産生栄養素摂取量を調べた研究

[Tani, Asakura, Sasaki, et al. 2015]

4 日間、4 季節合計で 16 日間の半秤量式食事記録法が用いられた。

横軸は時刻（24 時間）。縦軸は 1 時間ごとの平均摂取量（kcal）。

とに四日間、四季節合計で一六日間の半秤量式食事記録法が用いられた。図1で観察された分布と比べると図1よりもさらに明確な三つのピークが観察されている。間食に当たると思われるところにはピークはほとんど観察されない。これは一日に摂取するエネルギー量が三食に集中していて、間食からのエネルギー摂取量はわずかであったことを意味している。なお、この研究では、食事（間食も含む）を「一回に五〇キロカロリー以上なにか（食べ物または飲み物）を摂取した場合」と定義している。したがって、「菓子を少しだけつまんだ」というような食べ方と食べたものはこの調査には含まれていない。間食に当たると思われるところにはピークがほとんど観察されなかったのは、このようなごく少量の摂取機会がデータから除かれたためもあるかもしれないと考えられる。また、この研究では、一回に二〇〇キロカロリー以上なにかを摂取した場合を「通常の食事」、五〇キロカロリー以上で二〇〇キロカロリー未満の場合を「間食」と定義していた。

　しかし、間食で摂取するエネルギー量は年齢、特に小児（幼児を含む）では上記の結果とは異なると予想される。小児では間食は補食と呼ばれる場合がある。小児は体格や食物摂取能力に比べて必要とするエネルギー量や栄養素量（特にたんぱく質量）が相対的に多い。そのために通常の食事だけでは必要なエネルギー量と栄養素量を確保できず、そのために間食を必要とする場合がある。これが補食である。図3と直接に比較できる研究結果が見いだせず、しかも日本ではなく、ヨーロッパであるが、ヨーロッパ五か国で三〜八歳の小児男女を対象として行われた研究は図4のような結果となっている［Jaeger, Koletzko, Luque, et al. 2023; 62: 165–74］。エネルギー摂取量の二四％（およそ四分の一）を間食から摂取していて、間食の寄与は炭水化物でもっとも大きく（三〇％）、たんぱく質でもっとも小さかった（一六％）。炭水化物は重要なエネルギー源であるが、エネルギーの過剰摂取は肥満を招くためこの結果の解釈は慎重にすべきであるが、少なくとも、小児においては間食には補食の役割もあることを忘れてはならないだろう。

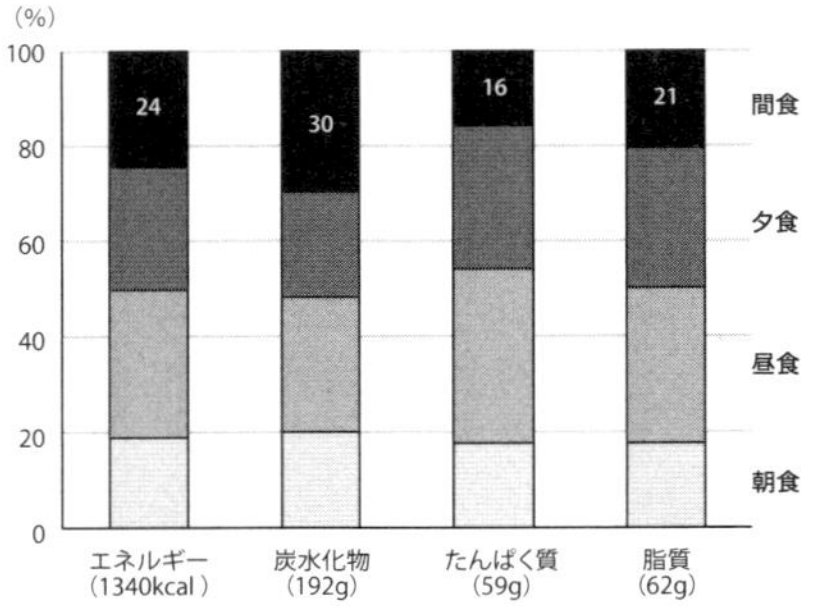

図4　ヨーロッパ5か国で3〜8歳の小児男女（740人）を対象として行われた研究
［Jaeger, Koletzko, Luque, et al. 2023］
エネルギー、炭水化物、たんぱく質、脂質摂取量への各食事の寄与率（%）。
24時間思い出し法が使われ、食事はあらかじめ朝食、午前中の間食、昼食、午後の間食、夕食、間食の6の区分に分けて聞き取られた。図の「間食」はすべての間食を合計したもの。

図4では炭水化物の三割を間食から摂取していた。炭水化物は大きく糖質と食物繊維に分かれ、さらに糖質は単糖類・二糖類（いわゆる糖類）と多糖類（ほとんどがでんぷん）に分かれる。このなかでそれ自体が甘味を持っているのは糖類だけで、糖類のほとんどは自然界には多くは存在せず、さとうきびなどから精製したショ糖やとうもろこしでんぷんなどを加工した果糖還元糖を食品に加えた加工食品にのみ含まれる。その多くは清涼飲料と菓子である。栄養学では添加砂糖（added sugar）と呼ばれる。

そして、添加砂糖は肥満の大きな原因として過剰摂取に対する注意喚起がなされ、国によっては過剰摂取抑制のために課税対象となっている。

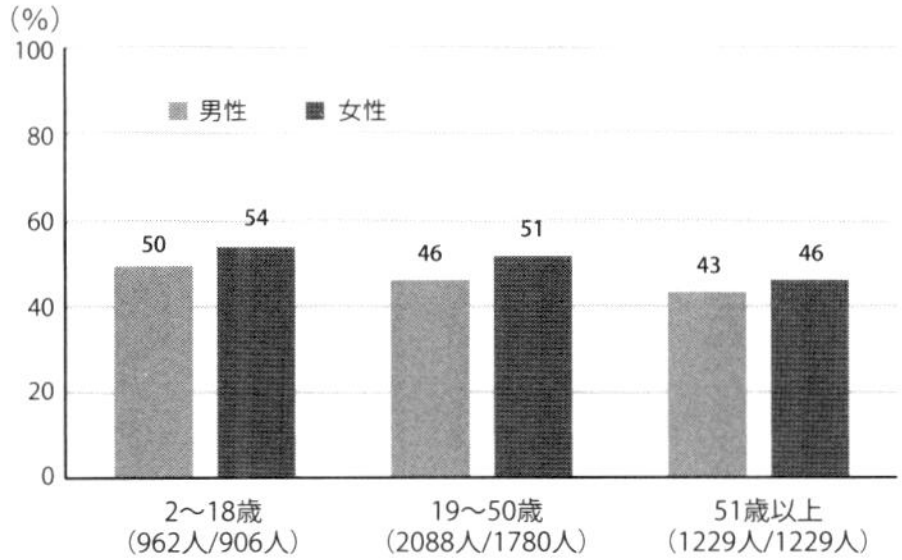

図5　2歳以上のオーストラリア人男女（8202人）を対象として食事ごとに添加砂糖の摂取割合を調べた結果
［Louie & Rangan 2018］
24時間思い出し法による。
添加砂糖摂取量全体に占める間食で摂取した添加砂糖の割合（%）。

図5は、二歳以上のオーストラリア人男女（八二〇二人）を対象として食事ごとに添加砂糖の摂取割合を調べた結果である［Louie, Rangan 2018］。ほぼすべての性・年齢区分で半分近くまたは半分以上の添加砂糖を間食から摂取していて、若年群と女性でさらに多い傾向があることがわかる。添加砂糖の過剰摂取による肥満の増加は高所得国に留まらず、安価であるために、中所得国から低所得国まで広がりつつあり、地球規模の健康問題となっている。添加砂糖の半分が間食から

摂取されているとすれば、「間食は健康に悪い」という評価は、少なくともこの面からは、妥当なものと考えることができる。

図6（上）は、二〇〜八一歳の日本人成人男女（六三九人）を対象として行われた食事調査の結果で、間食から摂取していたエネルギーと主要栄養素がそれぞれの総摂取量に占めていた割合（％）である[Murakami, Shinozaki, Livingstone, et al. 2022]。図5のオーストラリア人集団ほどではなかったが、日本人成人でも、間食からの摂取割合がもっとも多かったのは添加砂糖（三七％）であった。以下、飽和脂

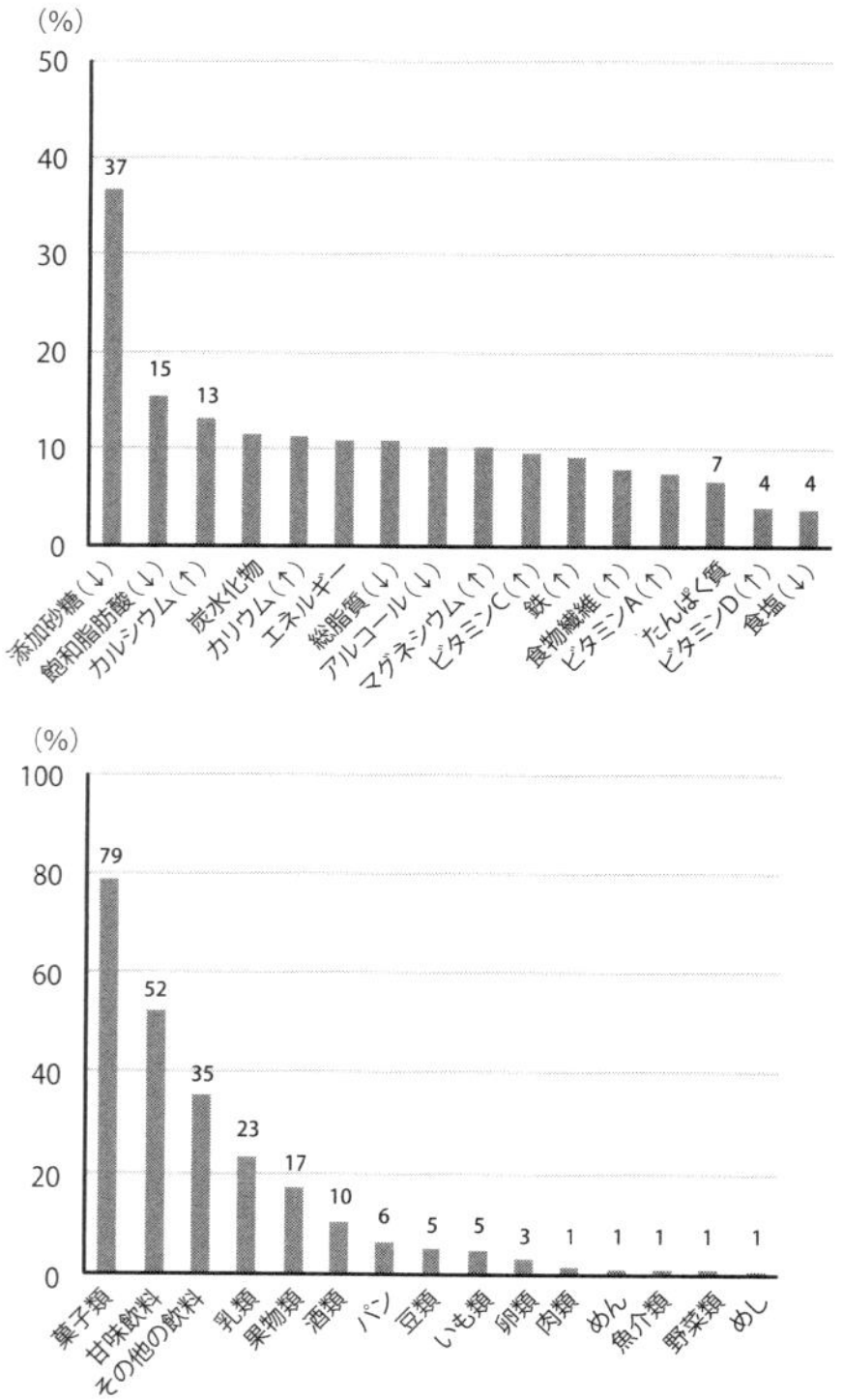

図6　20～81歳の日本人男女男女（639人）を対象として行われた食事調査の結果から、間食から摂取していたエネルギー・主要栄養素ならびに主要食品群がそれぞれの総摂取量に占めていた割合（%）
[Murakami, Shinozaki, Livingstone, et al. 2022]

肪酸（一五％）、カルシウム（一三％）と続いていた。一方、間食からの摂取割合がもっとも少なかったのは食塩（四％）とビタミンD（四％）で、たんぱく質（七％）がこれらに続いていた。なお、横軸の栄養素名に、総じて摂取を控えることが勧められているものに（↓）、積極的な摂取が勧められているものに（↑）を添えてみた。全体として見ると、間食の寄与が大きい栄養素ほど控えたい栄養素が多いように見える。しかし、必ずしも控えたい栄養素が集中しているわけでもない。つまり、「間食＝（全面的に）健康に悪い」ではなく、間食の中身（食品とそれに含まれる栄養素）を吟味する必要があることをこの結果は示している。

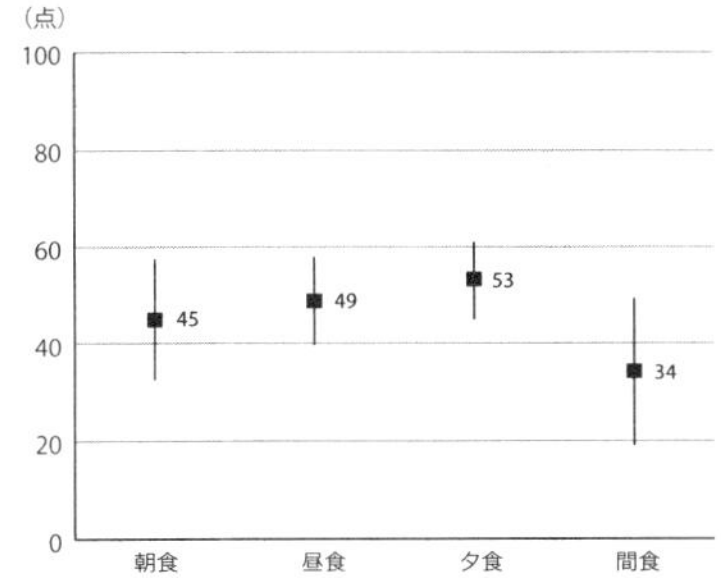

図７　図６と同じデータを用いて食事ごとにHealthy Eating Index（HEI）を計算した結果
[Murakami, Shinozaki, Livingstone, et al. 2022]
HEI（0 ～ 100 点）は次の食品群および栄養素から構成されている。原則として摂取量が多いほうが好ましいとされたもの：果物（全体）、果物（果物ジュース以外）、野菜、緑色野菜と豆類、全粒穀類、乳製品、たんぱく質源となる食品、魚類または植物性食品、不飽和脂肪酸／飽和脂肪酸の比。原則として摂取量が少ないほうが好ましいとされたもの：精製穀類、食塩、添加砂糖、飽和脂肪酸。（注：重みを付けて計算するために重複してあげられている食品がある）。

そこで、同じデータを使って、間食から摂取していた食品群がそれぞれの総摂取量に占めていた割合（％）を計算した結果が図６（下）である[Murakami, Shinozaki, Livingstone, et al. 2022]。菓子類の八割は間食で摂取されており、甘味飲料が五割、その他の飲料が三五％、乳類が二三％、果物類が一七％と続いていた。一方、主食や主菜として摂取されることが多い穀類や魚介類や肉類への間食の寄与はほぼ一％と極めて低かった。

ここまでで観察された結果をHealthy Eating Index（ＨＥＩ）というひとつの指標にまとめた結果が図7である［Murakami, Shinozaki, Livingstone, et al. 2022］。ＨＥＩは主に生活習慣病の発症予防を目的として、一〇種類の代表的な食品群または栄養素の摂取量を組み合わせて関数をつくり、食習慣の相対的な健康度を算出できるようにしたもので、点数が高いほど健康的といえる。やはり、朝食、昼食、夕食に比べて間食のＨＥＩが低いのは明らかである。

3　正しく測れているか？

ここまで、食事ごとの摂取時刻や摂取内容について間食を中心に見てきた。しかし、これらの結果を解釈するうえで忘れてはならない問題がある。ここで紹介した研究は、食事記録法や二四時間思い出し法といった方法が用いられていた。これは対象者がみずから記録するか、インタビュアーの質問に答えるものである。いずれも対象者の申告（自己申告）に基づく。対象者が「食べた」と言ったら（書いたら）「食べた」となり、「食べなかった」と言ったら（書いたら）「食べなかった」となる。これを申告誤差（reporting error）と呼ぶ。食べたのに食べなかったと申告すること（または事実よりも少ない種類や量を申告すること）を過小申告（under-reporting）、食べなかったのに食べたと申告すること（または事実よりも多い種類や量を申告すること）を過大申告（over-reporting）と呼ぶ。両方ありうるが、過大申告よりも過小申告のほうが頻繁に発生することが広く知られている。申告誤差がすべての食事やすべての食品や料理で一様に（同じ量で）起こるのであれば、総摂取量に占める間食から摂取された割合（％）といった変量は影響を受けない。しかし、もしも通常の食事に比べて間食で選択的に大きな申告誤差が起こるとすれば、今回紹介したほぼすべての結果がこの影響を受けることになる。

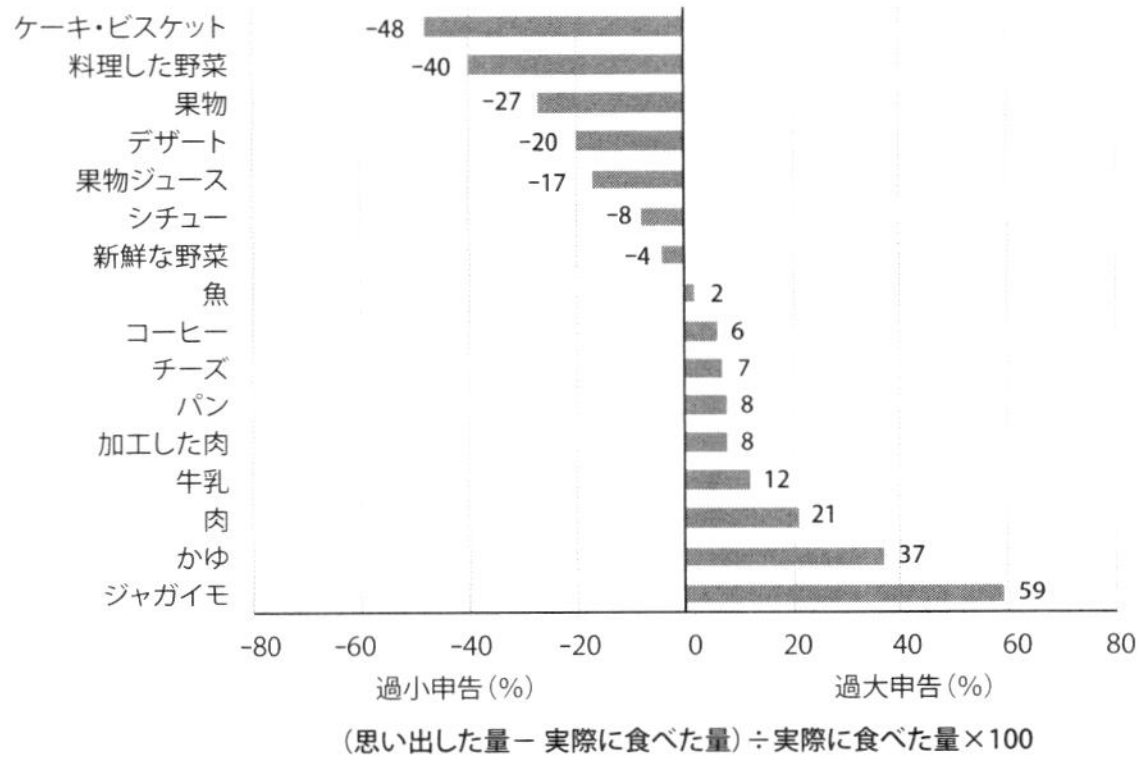

図8　何を食べたかを尋ねて答えた量と実際に食べた量との差（平均：%）

［Karvetti & Knuts 1985］
フィンランドのリハビリテーション施設に入所していた人（15 〜 57 歳、140 人）を対象とした研究。

図8は、フィンランドのリハビリテーション施設に入所していた人（一五〜五七歳、一四〇人）を対象にした研究である［Karvetti & Knuts 1985; 85: 1437–42］。ある一日間に実際に食べた種類と量を観察者が観察し、その翌日に別のインタビュアーがきのう何をどれくらい食べたかを対象者に尋ねた。その差（平均：％）が図8である。もっとも少なく思い出されたのはケーキ・ビスケット（四八％過小）だった。そして、果物も少なく思い出されていた（二七％過小）。これらは図6でも間食で多く食べられていたから、間食で食べられていたものが忘れられやすいこと

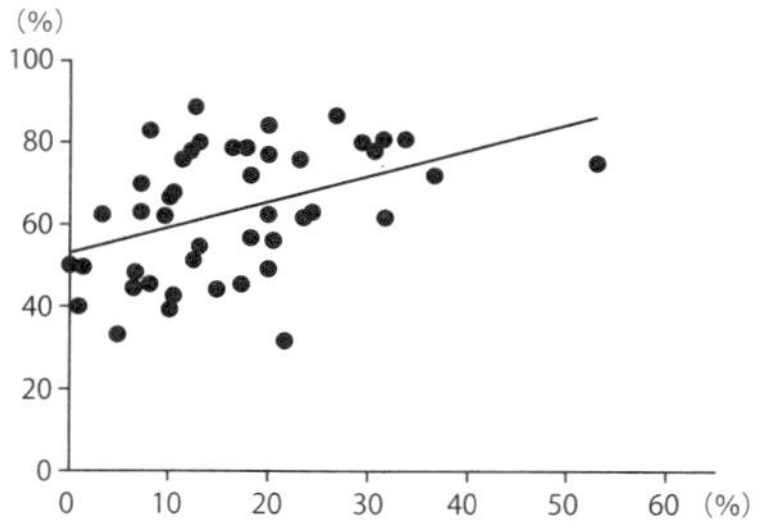

図９　アメリカ人の重度肥満妊婦（23人）を対象として、間食で摂取したエネルギー量がエネルギー摂取量全体に占めた割合とエネルギー摂取量の過小申告の関連を検討した研究
［Most, Vallo, Altazan, et al. 2018］
横軸は間食で摂取したエネルギー量がエネルギー摂取量全体に占めた割合（％）、縦軸は二重標識水法で得られた真のエネルギー摂取量とアプリケーションソフトから計算されたエネルギー摂取量の比（％）。

を示している。ただし、「忘れた」のか、それとも「忘れたふりをした」のかは厳密には区別できない。間食ではなく、通常の食事でのデザートも少なく思い出されていた（二〇％過小）ことを考慮すると、単純に忘れたのではなく、「忘れたい」または「忘れたことにしたい」という心理も同時に働いていたのかもしれない。これは一九八〇年代に行われた研究で、食事量の申告誤差に関する先駆的な研究であった。当時はエネルギー摂取量やエネルギー消費量を客観的に測定する方法がなかったため、このころの研究は食品重量の申告誤差に注目した研究が主流であった。

図９は、二〇一八年に報告された、アメリカ人の重度肥満妊婦（二三人）を対象とした研究の結果である［Most, Vallo, Altazan, et al. 2018］。この研究では二重標識水法を使って二週間のエネルギー消費量を測定し、同時に、スマートフォンで食事の写真を撮って送信し、そのデータを解析して栄養素等摂取量を計算するアプリケーションソフトを使ってエネルギー摂取量を計算し、比べた結果である。

二重標識水法は二重標識水（重水素と重酸素でできた重水）を少し飲んで、それぞれが尿に排泄される量を経時的に測定することでその間（通常は二週間）のエネルギー消費量を正確に測定できる。この研究では二重標識水法で得られたエネルギー消費量を真のエネルギー摂取量とした。体重の変化がない場合にはエネルギー消費量とエネルギー摂取量は同値であるからである。このアプリケーションソフトには撮影できなかった食事（食品や料理）について食品名や目安重量を記録（記入）できる機能もあり、また、撮影や記録忘れを防ぐために、食事前と就寝前に毎日リマインドメイルが対象者に送られた。横軸は間食で摂取したエネルギー量がエネルギー摂取量全体に占めた割合（%）、縦軸は二重標識水法で得られた真のエネルギー摂取量とアプリケーションソフトから計算されたエネルギー摂取量の比（%）である。間食由来のエネルギー摂取量の割合が低いほどはなはだしいエネルギー摂取量の過小申告が観察され、両者の相関（積率相関係数）は〇・六二であった。間食を申告しなかった対象者の過小申告率は五〇%（摂取した内容の半分しか申告されなかった）に近かった。この研究結果は、真の間食の摂取量や摂取頻度は今回紹介した結果（図1から図7まで）よりも多い可能性を示唆している。この研究は重度肥満の妊婦（肥満度〔body mass index〕は三六・九 kg/m²）を対象とした。極端な例かもしれないが、通常の食事と比べて、間食への認識の個人差が大きいことを見い出した意義は大きいと考えられる。また、スマートフォンでの食事写真の撮影という、従来の食事記録法や二四時間思い出し法に比べて対象者の負担が少なくなるように開発された方法を用い、さらにリマインドメイルを送って撮影や記録忘れを予防したにもかかわらず、このように深刻な過小申告が観察された意義も大きい。

4　まとめ

国民の主な死因が低栄養や感染症ではなく、がんや循環器疾患などの生活習慣病であるいわゆる高所得国である日本や西ヨーロッパ諸国、アメリカなどでは、少なくとも間食は、栄養学的には小児や乳児を除けば補食としての意味は乏しく、むしろ、添加砂糖など生活習慣病の原因として認められている成分や食品群の主な摂取機会となっていることは否めない。しかし、間食から摂取されている割合が高い栄養素すべてが栄養学的に好ましくないわけではない。さらに、間食の意味や目的、その内容や摂取時刻は年齢や民族によって一様ではない。栄養疫学研究からはその実態やその意味はまだじゅうぶんに明らかではないが、これらは栄養学的にも非常に興味深い研究テーマである。

しかし、栄養疫学の分野でも間食の定義はまだ定まっておらず、その測定方法もまだじゅうぶんには発達しておらず、さまざまな測定誤差を含んでいる。間食の持つ文化的な意味やその背景に迫る栄養疫学研究もまだ極めて少ない。けれども、栄養素や食品の摂取量と疾患の罹患率や発症率との関連を明らかにすることを目的とする従来の栄養疫学から、人ならびに人集団の環境や文化、心理などを重視し、それらと食習慣の関連を明らかにし、その結果を疾病予防や健康管理に活用しようとする新しい栄養疫学（行動栄養学）が栄養疫学のひとつの中心になろうとしている［佐々木 二〇二三］。今後、間食についても行動栄養学的なアプローチによって新たな知見が多数得られることが期待される。

参考文献

佐々木敏（二〇二三）『行動栄養学とはなにか？』女子栄養大学出版部。

ジョンソン、スティーヴン（二〇〇七）『感染地図――歴史を変えた未知の病原体』（The Ghost Map）、矢野真千子訳、河出書房新社。

Hess J. M., Jonnalagadda S. S., Slavin J. L. (2016) What is a snack, why do we snack, and how can we choose better snacks? A review of the definitions of snacking, motivations to snack, contributions to dietary intake, and recommendations for improvement. *Advances in Nutrition,* 16: 466–75.

Huseinovic E., Winkvist A., Freisling H., et al. (2019) Timing of eating across ten European countries - results from the European Prospective Investigation into Cancer and Nutrition (EPIC) calibration study. *Public Health Nutrition*, 22: 324–35.

Jaeger V., Koletzko B., Luque V., et al. (2023) Distribution of energy and macronutrient intakes across eating occasions in European children from 3 to 8 years of age: The EU Childhood Obesity Project Study. *European Journal of Nutrition*, 62: 165–74.

Karvetti R. L., Knuts L. R. (1985) Validity of the 24-hour dietary recall. *Journal of the American Dietetic Association*, 85: 1437–42.

Louie J. C. Y., Rangan A. M. (2018) Patterns of added sugars intake by eating occasion among a nationally representative sample of Australians. *European Journal of Nutrition*, 57: 137–54.

Menotti A., Puddu P. E. (2015) How the Seven Countries Study contributed to the definition and development of the Mediterranean diet concept: a 50-year journey. *Nutrition, Metabolism and Cardiovascular Diseases,* 25: 245–52.

Most J., Vallo P. M., Altazan A. D., et al. (2018) Food photography is not an accurate measure of energy intake in obese, pregnant women. *The Journal of Nutrition*, 148: 658–63.

Murakami K., Shinozaki N., Livingstone M. B. E., et al. (2022) Characterisation of breakfast, lunch, dinner, and snacks in the Japanese context: an exploratory cross-sectional analysis. *Public Health Nutrition*, 25: 689–701.

Murakami K., Livingstone B., Masayasu S., et al. (2022) Eating patterns in a nationwide sample of Japanese aged 1–79 years from MINNADE study: eating frequency, clock time for eating, time spent on eating and variability of eating patterns. *Public Health Nutrition*, 25: 1515–27.

Tani Y., Asakura K., Sasaki S., et al. (2015) Higher proportion of total and fat energy intake during the morning may reduce absolute intake of energy within the day. An observational study in free-living Japanese adults. *Appetite,* 92: 66–73.

第11章　生活者にとっての食の価値

野沢与志津

1　はじめに

人生一〇〇年時代、一日三食を食べるとすれば、一生で約一〇万回の食事をすることになる。一〇万回のすべてが人の記憶に残るものではないが、願わくは人生一〇〇年のパートナーとして伴走できるように、私たちは技術開発やマーケティングを通じて、生活者の暮らしや食に対する欲求を追いかけ続けている。

筆者は、食べることが好きで、世界中の人たちにおいしさを届けたいと、「あなたは、あなたの食べたものでできている」と未来を担う子どもたちにメッセージを送る食品会社に入社した。学生時代の学びからの接点で研究所に所属し、栄養生理学的アプローチで食品素材やアミノ酸の価値を探究してきた。そのうちに、見出されたこれらの価値やアカデミアにある既存エビデンスは、生活者にどう伝え届けられるのが良いのか、どう社会実装される仕組みを設計するか、という方向に関心領域が変化し、現在は、持ち場をデジタル媒体上に移し、生活者と相対している。何をつくり、どのように届けるのか、人や社会に貢献できているか。持ち場は変わっても、考えていることは、メーカーの思考回路である。

担当するデジタル媒体の一つとしてレシピサイトを運営していると、おいしくて、簡単で、時短のレシピをもっと紹介して欲しい、と声が寄せられる。私たちが製品とレシピをそのように伝えてきた結果であり、だからこその生活者から私たちへの期待でもある。新しいレシピが欲しいという発言は、料理に対する欲求の高まりのように感じるが、それだけではない。より簡単に、より便利に、より短く。食に関することに自分の時間を使われたくない、という意思表明である。

一方で、暮らしの中で食の影響を大きく受ける人たち、食への感受性が高い人たちにも出会ってきた。高齢期の人たち、途上国の子どもたち、自分だけの食の楽しみをもつ人たち。彼らの暮らしや言葉は、「食」がもつ本来の力を教えてくれた。

「間食」とはなにか。間食が人や社会に与える影響を考えるために、間食を含む「食」が提供する価値に対して認識をあわせておきたく、現代日本人の食の実態を共有することから始めたい。

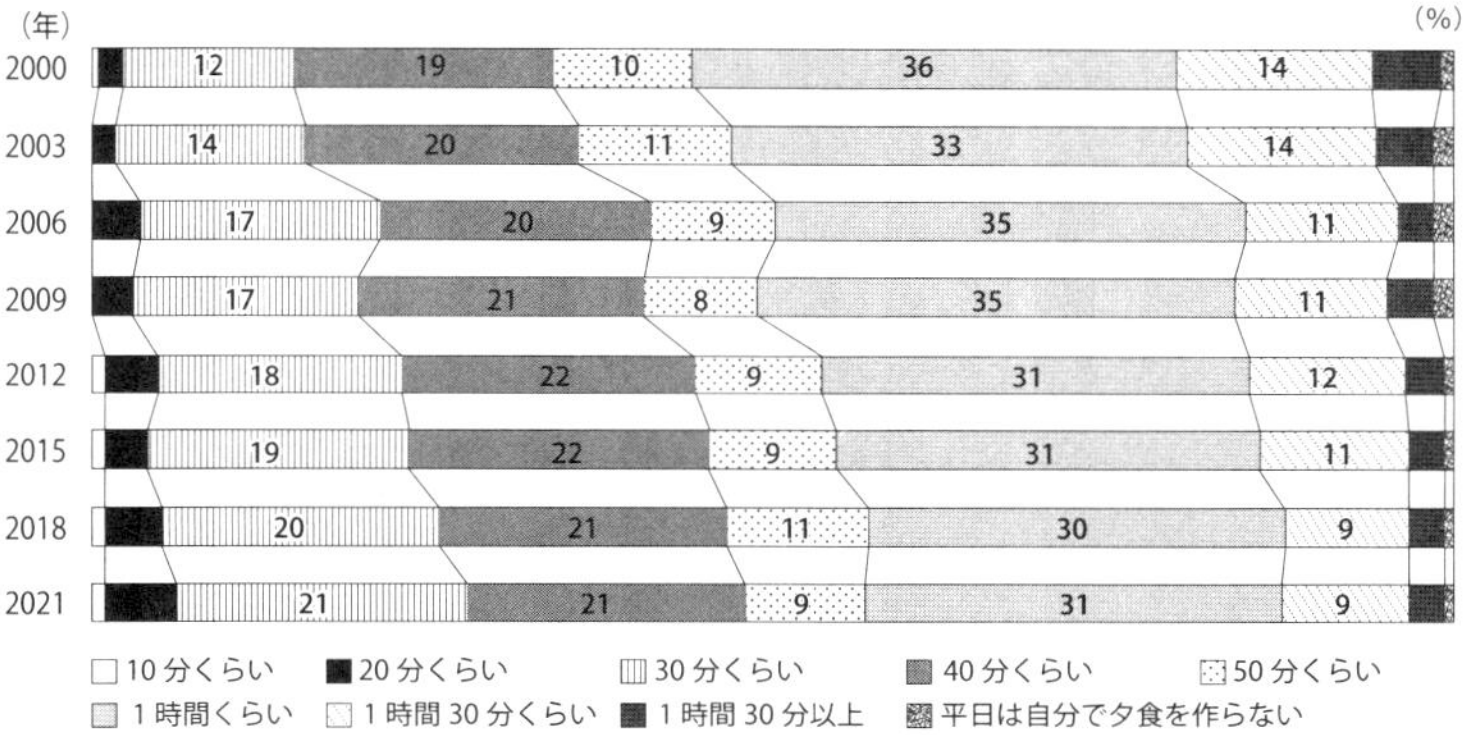

図1　平日の夕食の支度にかける時間

2　面倒な存在となりつつある食

当社（味の素株式会社）は、一九七八年から三年に一度、食生活の主関与者を対象とした食事作りに対する意識と行動調査「AMC調査（Ajinomoto Monitoring Consumer Survey）」を実施している（全国二一〇地点、訪問留置調査、夫と二人以上世帯の女性、二〇～七九年歳）。直近の二〇二一年調査では、二一一八人からの回収データを集計し、分析している（図1～4）。また、過去の調査データと比較し、経年変化を確認している（図1、3、4）。

毎回の食事作りを負担に感じ、もっと簡便に済ませたいという意識は、経年増加している。意識にあわせ、食事準備の短時間化が進行しており、夕食の支度を「三〇分くらい」以下で済ますという割合が、この二〇年で徐々に増加していた（図1）。内訳の詳細データについては省略するが、内八割は「時間に追われて夕食を用意する」ことがあると

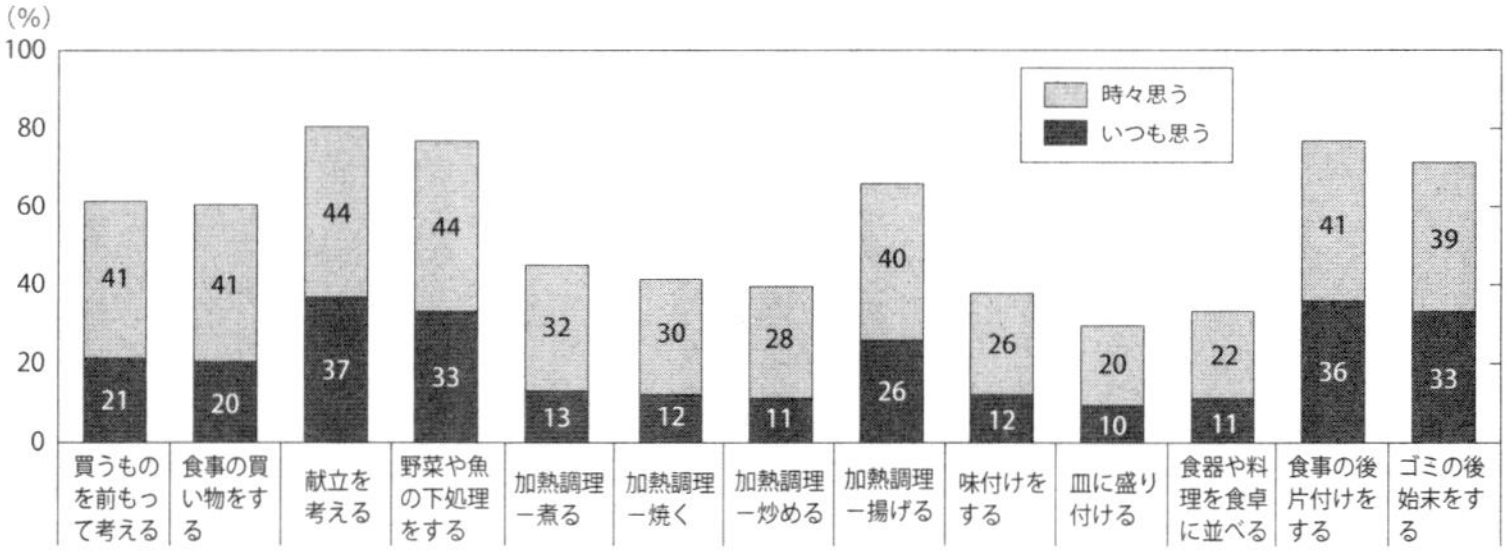

図２　食事の支度や後片付けについて面倒に思うこと

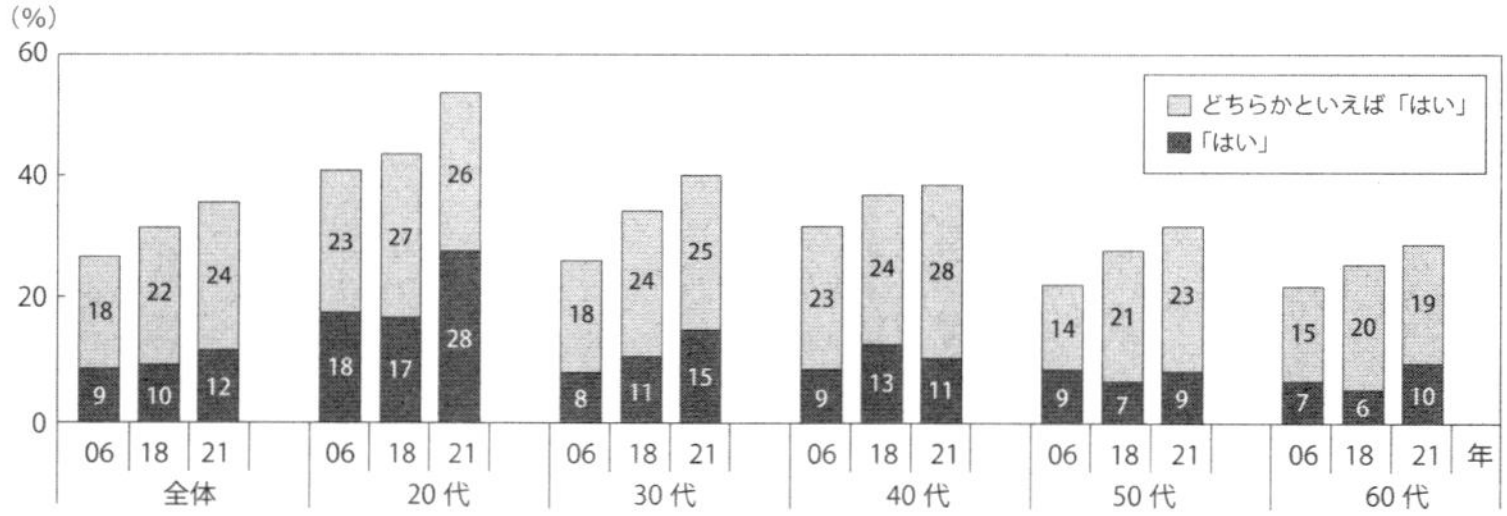

図３　食事をとるのが面倒なときがある

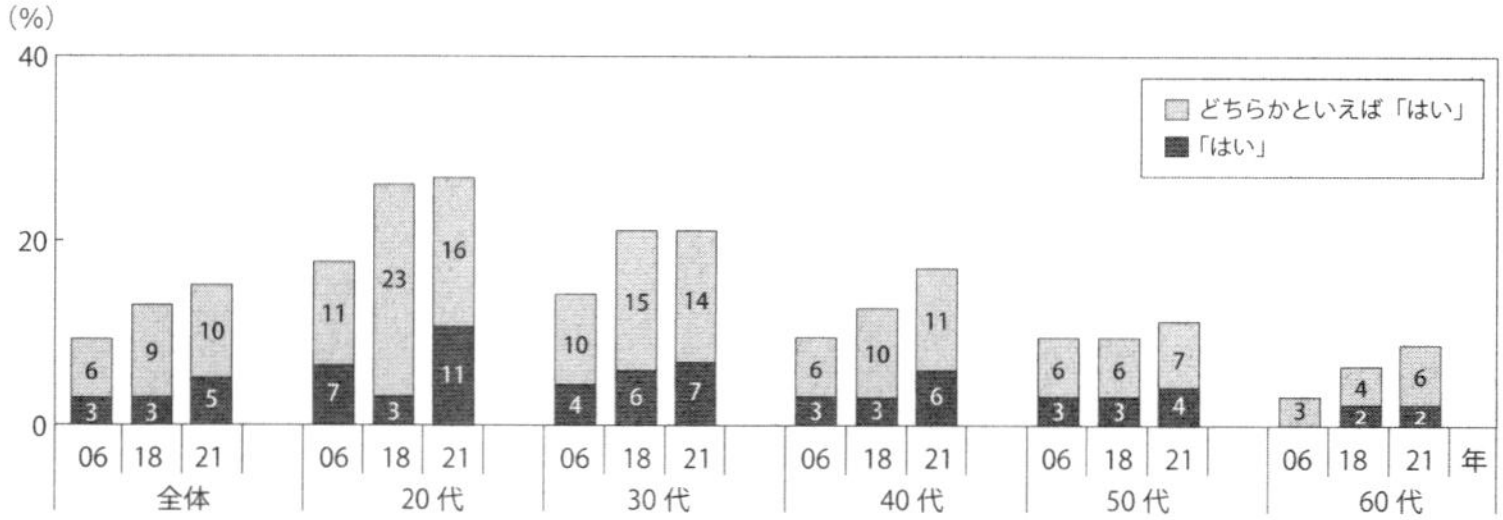

図４　菓子や飲料だけで食事代わりにすることがある

回答し、仕事や育児によって「余裕がない」と感じる意識がさらに高まっていた。時間が不足しているという感覚が、食事作りは面倒であり、なるべく簡素化して短時間化したいという意識と行動を喚起していると考えられる。

食事作りで面倒に感じることとして、特に、「献立」「下処理」「後片付け」という「調理」前後の工程に票が集まった（図2）。食事作りは、複数の動きを連続的かつ同時に行う必要があり、複雑系の営みである。

「食事をとるのが面倒なときがある」という意識が、全年代で経年増加しており、二〇代では他の年代に比して高い割合で存在していることが分かった（図3）。「食べることが好きです！」と入社した筆者にとっては、問いとして設定されること自体が驚きであった。また、「お菓子を食事代わりに」という回答も増加していた（図4）。食事をとることが面倒になっているためか、食事の価値と代替可能な菓子が出現したためか、「間食」の代表例として挙げられる菓子が「食事」の枠に登場していることを示している。食べる時間と食べる物との固定化した結びつきは、特に若年層を中心に緩み始めている。

3　食の価値を教えてくれた人たち

日本の人口は減少局面を迎え、二〇七〇年には総人口が九〇〇〇万人を割り込み、高齢化率は四〇

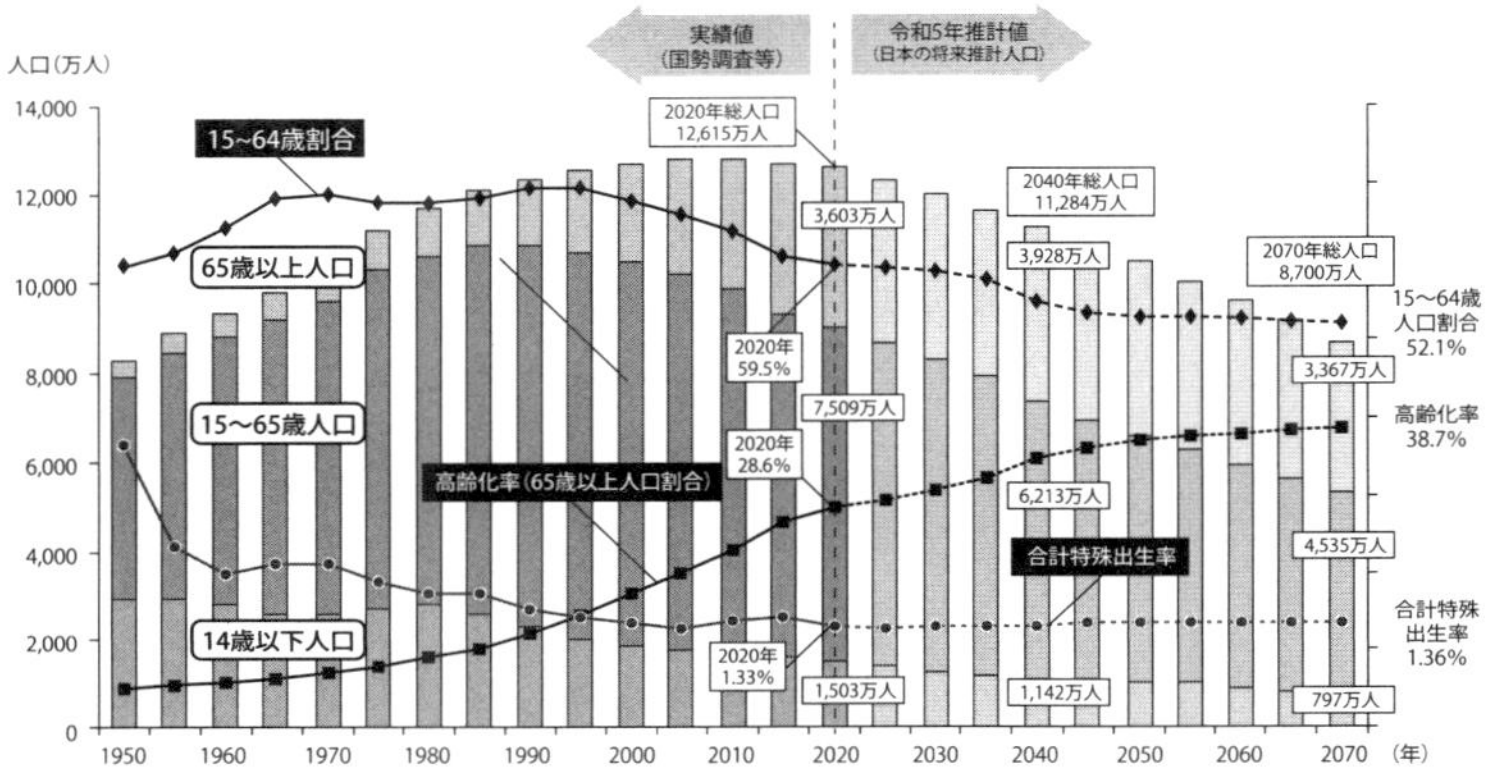

図５　日本の人口の推移

（出典）2020 年までの人口は総務省「国勢調査」、合計特殊出生率は厚生労働省「人口動態統計」、2025 年以降は国立社会保障・人口問題研究所「日本の将来推計人口（令和５年推計）」

［厚生労働省 2024］を基に作成

%近い水準になると推計されている［厚生労働省 二〇二四］。バックキャスト的視点かつ近い将来として、団塊世代が全て七五歳となる二〇二五年に向けて、社会はどうあるべきかという観点で一〇年ほど前にも高齢社会到来に対する世の中の関心が集まっていた。当時、筆者が属していた研究チームでも、高齢期の生活者を対象とした調査研究に着手した。

調査開始時には、筆者自身が栄養学と生理学領域での経験が長かったこともあり、高齢期に起きる筋力低下や身体機能低下に伴う多くの課題が抽出されるはず、という仮説を持っていた。調査後には、見えてきた高齢期の課題に対して効果的なアミノ酸組成を開発しようと考えていた。振り返れば、なんとも表層的な発想であったと恥ずかしくなるのだが、当時は一直線だった。結果的には、いくつかのフィールドリサーチを経て、当初仮説とは別の困りごとや独自の工夫をしている高齢期の暮らしを知ることになった。

高齢期の食に関する行動と内面を理解することを目的にした調査では、日記法とインタビュー法を組み合わせ、情報を深掘り収集した。抽出されたニーズを分類整理し、それらの因果関係と説明仮説を推論していく中で、「食欲」と「調理」への向き合い方が、私たち現役世代とは異なることに気づいた。

三世代同居家族の食事作りを担う女性（六九歳）は、「食べたいときに満腹まで食べることが幸せ。食べたいときがうまいとき。空腹を満たせて幸せ」と、大人数の食卓を担うやりがいと共に、自身の食欲について嬉しそうに話してくれた。

妻との死別後に料理を始めた男性（六九歳、単身）は、内食（自分で調理して喫食）・中食（完成品を購入し自宅で喫食）・外食（自宅以外の飲食店で喫食）の頻度を調べた調査の中で、最も中食頻度が高い食生活をしていた。内食をしようと近所のスーパーで材料や冷凍食品を買いつつも、多種類の総菜を同時に購入し、食卓に並べていた。購入した総菜は、小鉢に盛り付け直され、食卓に彩りよく並べられていた。その理由を聞くと、「食堂に行ったような気になって食欲がわくんです」と、自分なりに食欲を出すための工夫を教えてくれた。

転倒骨折の手術から半年経過で調査に協力してくれた女性（七九歳、単身、子ども独立）は、「体調が悪いので食欲がなく、いろいろな物を食べたいと思いません」「食べないと薬が飲めないので無理して食べました」と、食事日記に記録していた。「食欲」とともに生活リズムをつくりだす日常は、空腹を満腹にするという楽しさよりも深いところにある、生きることに直結した営みである食の存在を再認識させてくれた。

また、高齢期の「調理」には、現役世代の食準備とは異なる意味や感情があることも知った。毎日忙しいという女性（六九歳、単身、夫と死別）は、「簡単に買って済ます生活、便利にしてしまう生活をなるべくしないように暮らしている」と話してくれた。NPO活動では料理もするという男性（六八歳、夫婦世帯、子ども独立）は、「調理というのは、食材や作る段取りを考え、頭を使うことなので、脳の老化を防ぐ大きな役割だと思っています」と話してくれた。

食欲を出すために総菜を彩りよく並べていた前述の男性宅の台所には、生前の奥様が使っていた調理道具が大量に残っており、自身で料理することもあるという。全ての喫食物を写真付きで記録してもらった食事日記には、カレーライスが四日間で計五回も食卓に登場（一日目夕食、二日目昼食、二日目夕食、三日目昼食、四日目夕食）していた。このカレーライス生活は、小鉢に副菜を入れて食べているため栄養学的にはそれほど大きな課題はないという扱いになるが、大好物を連日食べた結果とはいいがたい状況だった。また、「魚は焦がしてしまう、忘れちゃう。だから総菜の魚を購入するのです」と、調理をしようという意欲と実態を話してくれた。

脳機能を維持するために、調理したい。調理ができる自分であることを確認したい。自分の家で暮らし続けるために、調理し続けたい。調理が暮らしの拠り所になっていた。

また、調査では、食事に伴う気持ちも可能な限りで記録してもらった。ある単身男性は、「一人でいることが寂しい。誰かがいる場所で食べるだけで落ち着く」と記録していた。食べたい料理があるわけではなく、知らない誰かでも自分以外の人がいるという空間を求めて、近所の外食チェーン店に行く、と話してくれた。直接的な交流がなかったとしても、人が集う場は人に安心をもたらす。食という誰にでもある機会は、人が集う場をつくり、社会との接点をもつくりだす。

4　人には勤めと務めがある

前項で述べた通り、栄養補給のために、特に筋力低下のためにたんぱく質やアミノ酸をとりたい、と話す高齢者はいなかった。加齢に伴い歩行機能は低下しているはずだが、「食」や「栄養」からのアプローチでは見えてこない。何か別の理由があるのではないか、ということで、高齢期における「歩くこと」をテーマとした調査を続けた。この時には、地域再生で知られる島根県の離島をフィールドに、調査チームは島民のご自宅に泊まり、暮らしを見せていただくことにした。

家長の男性（九四歳、四世代同居）のもとに挨拶に伺うと、お茶請けとして裏山でとれたという柿を出してくれた。初対面であっても、その土地の食材の話を聞きながら、一緒に食べることは心理的な距離をぐっと縮める。翌日、早朝に起床すると、家長は行くところがあると言う。ゆっくりだが確かな歩みについていくこと一〇分、坂道をのぼった先に目的地があった。墓参りと墓掃除が日課だという。帰宅すると今度は、体調を悪くしたという知人を見舞うためにオートバイに乗って出かけていった。周囲から気遣われてもよい年齢にもかかわらず、他の住民のことを考える。このスーパーおじいさんの動きに圧倒されつつも、その行動力や意欲の源泉に興味をもった。

四世代家族の二世代目になる六〇代女性は、大家族の家事をパワフルにこなしていた。調査目的である「歩く」ことについて質問をなげかけても、「わざわざ外に歩きに行く人なんてこの島にはいないわよ。みんな車だから歩いていると逆に驚かれてしまうくらい。私なんて今日一歩も外に出ていないのよ」との返答だった。想定外の反応に戸惑いつつも、歩行調査だからとつけてもらっていた万歩計を見ると、一万三〇〇〇歩と表示されていた。これは嬉しい発見だった。この女性にとって、「歩く」ことはある地点から別の地点に移動することであり、明確な地点移動がないと「歩く」という扱いにならない。しかし、実際には「歩く」ことを目的としていない「動き」が歩数計一万三〇〇〇歩相当量に発生していた。

この島での「発見！」を島の人に話したところ、人にとっての「勤めと務め」ということを教えてくれた。人には、稼ぎとしての「勤め」と、稼ぎはないが社会の中で果たすべき「務め」があり、島の人たちはそれぞれが両方をもっている、と。

この女性には、家における「務め」を果たすことで「動き」が発生していた。自分や家族のために食を準備することは、家庭や地域での社会的な役割を果たすことであり、それは自分の「務め」を果たそうとすることに等しい。食は、安心感や満足感などの心理的観点からの価値の他、交流や務めという社会的側面でも機能している。

一方で、務めは、勤めと異なり明確に言語化されていない役割のため、人によって解釈に差異を生じさせる。務めの発揮が家庭内の食事に求められる場合、定義されない食事にまつわる役割が食の作り手にとっての負荷になることも推察される。勤めがなくなった状態での務めの存在は、社会との重要な接点となり、時には生きがいのような状態にまで昇華されうるが、勤めのある状態下で務めを果たすことは、負荷が大きくなる可能性がある。現代人は、無意識のうちに、これら両方を抱えすぎているのかもしれない。

また、島の高齢者が元気でいる秘訣を「きょういく・きょうよう」という語呂合わせで教えてくれた。「教育・教養」ではなく、「今日行くところ・今日の用事」。元気でいるためには生きる目的が必要であり、元気だから歩く・動くのではなく、歩く・動く目的があるから元気なのだ。この時の調査でも、筋力低下の悩みや歩行機能のための栄養に関する関心は拾えず、仮説検証とはならなかったのだが、人が生きていく上で大切なことに辿り着けた感覚がした。一人ひとりの社会における動く目的を果たし続けるために、食やアミノ酸ができることがある。自分の興味が栄養や機能性から社会的なことに移りつつあることを感じながら、食の価値探求から始まった歩行の価値を整理した。この島のスローガンどおり、確かに「ないものはない」と、島での調査を終えた。

5　おいしさと栄養はどちらが先か

食の話に戻り、食の原始的な機能発揮に向き合った取組みをご紹介したい。インドネシアの寄宿舎に住む子どもたち三一九名を対象に、当社の現地法人と現地アカデミアと共に、約九カ月間の食事と教育介入を行った［Rimbawan et al. 2023］。寄宿舎の学童の約三割に貧血や慢性的栄養不良である発育阻害があったため、貧血改善をターゲットとした。

栄養課題は、過剰栄養と不足栄養に大別されるが、食でそれらの課題を解決しようとすれば、対象者がおかれた状況を理解した上で解決法をデザインする必要がある。栄養改善という観点で、私たち食品会社ができることについて、少し補足しておきたい。ある集団に対して栄養改善を試みる場合、とりうる主なアプローチは三つある。例えば、今回のような貧血改善では、貧血に関わりの深い鉄分を摂取してもらいたい。それをどのようなアプローチで身体に供給していくか。

一つは、「補給」アプローチである。ニーズの深い特定のターゲットに対してサプリメント形態で供給したい栄養素を提供する。他のアプローチと比較して、生活者側は効果を体感しやすいというメリットがあるが、ニーズが顕著でない集団に対しての受容性や持続性は低くなる。

二つ目に、「添加」のアプローチがある。「補給」よりも集団に対しての広がりをもつ。人々のニーズが一定以上の大きさをもっている場合、彼らがよく利用する食品に提供したい栄養素を添加することで、受容性と持続性が高まる。例えば、鉄添加飲料や鉄強化ヨーグルトなどだが、添加する食品が人々にそもそも受容されること、持続するための価格設定であること、および添加しても味が変わらないことなど、いくつかのハードルを供給者側が解決する必要がある。

もう一つは、「食物」アプローチである。他の二つに対して、最も広範囲に波及させうる手段である。食物をベースに栄養素を摂取することで、副次的に他の栄養素も同時摂取できるというメリットがある。ただし、食物を調理した食事を通じて提供できる栄養素量は、他の二つと比較すると少ないことが想定されるため、変化の確認にまでは時間を要する。その時点まで継続してもらうための初期投資（教育に近い情報提供、継続的なコミュニケーション、時間）を必要とするが、いったん生活者側の行動に定着すれば、追加コストは不要となる。長期視点で見れば、費用対効果が最も高いアプローチである。

当時、対象が学童であること、鉄分以外に一定量以上のエネルギーとたんぱく質を摂取してもらう栄養設計をしたこと、および食提供者となる寄宿舎スタッフ側の行動変容も期待し、「食物」アプローチを採用することとした。現地チームと協力し、給食メニューを開発し、「食物」アプローチで小児貧血の減少を目指し、介入を開始した。食事提供開始後しばらくして、子どもたちが食事を残していることに現地のメンバーが気づいた。食事がおいしくないとの理由で、子どもたちが残していたことが分かった。栄養設計としては理想通りであっても、食べてもらわなくては始まらない。そこで私たちは、子どもたちが好きなメニューをベースに、理想の栄養価になるように食事を再設計し、提供

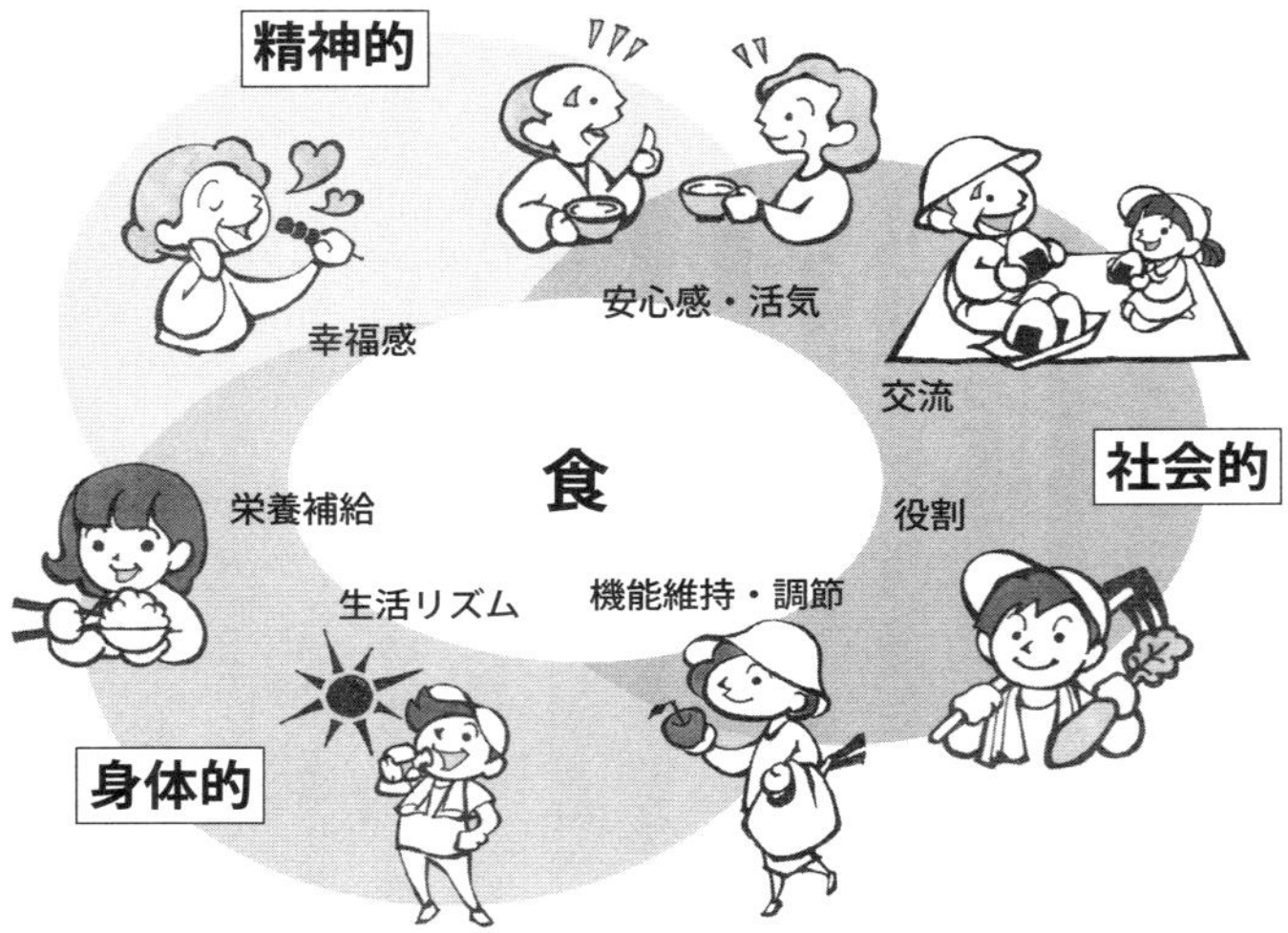

図６　食が提供する価値

を再開した。以降、子どもたちの残食量は激減した。

　また、給食での栄養改善計画と同時に、栄養教育の情報開発の必要性も感じていた。当時、子どもたちが暮らす寄宿舎の中には、売店があり、子どもたちは自分の小遣いで好きな食べ物を購入し、自由に食べていた。その中では、食事前の手洗い（手洗いは手掴み食の後、というのが当時の行動パターン）や、食事を中心とした生活をするという基本活動も教えていくことになった。多くのメニューの中で、何を選択するか、なぜそのメニューを選択したほうがよいのか、彼らの選択に意味をもたせることを目的とした。食事と情報による長期介入の結果、栄養と衛生に関する知識と実践の高まりと共に、集団の貧血疾患率が減少していることが分かった。

　食物アプローチでは、現地で入手可能な食材と調理器具、調理者にとっての無理ない調理プロセス、および喫食者にとってなじみのある好ましい料理、これらの要素が満たされる必要がある。それらが考慮されたプログラムを設計できれば、持続性のあるパワフルな手段となる。このプロジェクトが終了し、関係者が引き上げた後も、寄宿舎では同じ食事が継続して提供されていることを聞き、とても嬉しくなった。栄養とおいしさの両立をあきらめてはいけない。栄養をとるためには、食べなければならない。おいしくなければ、人は食べない。食のもつ栄養学的な価値の発揮には、おいしさを必要とする。当たり前のことを遠回りしながら再発見した。

人生一〇〇年時代、食を作ること、時には食べることすら面倒に感じることもあるだろう。しかし、食に強く支えられる時期があることも間違いない。それは、人間が生きていく上で必要不可欠な要素を、食の多様な価値が充足するからである（図6）。

6　料理をしたくなるとき、したほうがよいとき

本章冒頭で紹介した生活者の意識をとらえた「AMC調査」に、再び目を向ける。食事準備も食事をすることも面倒と感じる現代人でも、「時間にゆとりがある時には料理を楽しみたい」という欲求があるようだ。過去一五年間（二〇〇六年、一八年、二一年での調査）で低下傾向にはあるが、依然として全年代で六割以上の人たちは「時間にゆとりがある時には料理を楽しみたい」と回答している。ま

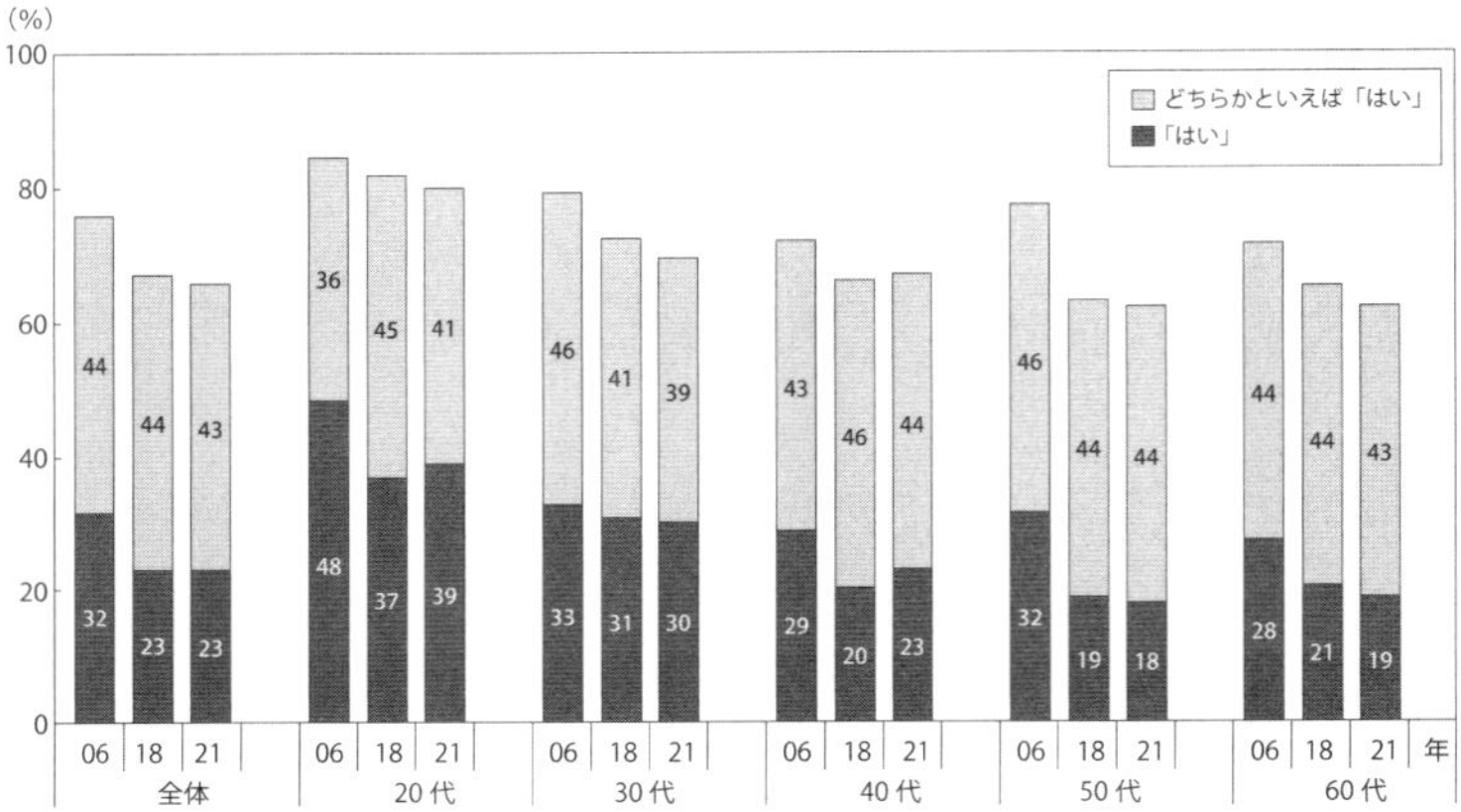

図7　時間にゆとりのある時は、料理作りを楽しみたい

た、若年層の方が四〇～六〇代よりもその意識が高い(図7)。若年層のほうが料理に対してポジティブな回答をしたことは、より簡便さと短時間化を求める気持ちと矛盾しているように感じるが、本当は「料理を楽しみたい」という強い欲求がありつつも、日常が多忙すぎるので簡便さと時短を求めているのだ、と彼らの声を解釈することもできる。

少し前のことになるが、「ステイホーム」が呼びかけられたコロナ禍で、店頭の棚からホットケーキミックスや小麦粉が消え、パンケーキを作り始めた人たちのことがニュースとなった。人は時間を持て余すと料理をしたくなるのか。これは日本以外の国でも起きている現象であり［Brasted 2021］、世界の知らない誰かと同じタイミングで同じ欲求を抱いたことを面白く、「料理」は人間の共通する欲求なのだと嬉しく感じた。

日本、イタリア、アメリカを対象とした食に関する興味深い調査結果がある［田中・岡田他 二〇二〇］。「自宅で料理をする理由」について、日本では「食費を抑えるため」という経済的メリットが抽出されたが、アメリカとイタリアでは「家族とコミュニケーションを取るため」「料理自体に関心があり、知識を身につけられるため」「自己実現につながるため」との回答率が高かったとの結果が示されている。また、「食のシチュエーションにおいて共感する言葉」としては、「リラックスしたい」「健康でありたい」という三か国の共通価値観に加えて、アメリカとイタリアでは「新しいことを学びたい」「自己表現したい」「周りとつながりたい」という項目が日本と対照的に高値であったとの結果である。

SNSに見られる外側に向いた自己表現とは対照的に、自分に向き合うための手段としての食もあるようだ。ある調査で、二〇歳女性が夜にお菓子作りをする習慣を教えてくれた。SNSを見て夜のシフォンケーキ作りを始めたという。「帰宅してやるべきことをやった後、一人、キッチンで生地が滑らかになっていく様子やケーキが焼けるいい香りを堪能していると、夜の観覧車に乗っているみたいな気持ちになり、心の疲れが静かに癒される。失敗を引きずりがちな性格なので、お菓子作りで心を整えている」と。食を手段としたリラックスであり、次に進むための静的なエネルギーチャージでもある。

7　つながる食

家族や友人などと一緒に料理をしたり食事をしたりすることは、人の生活全体の質には影響を及ぼさないような、ありふれた活動のように感じる。しかし、あるデータがそのありふれた営みに新しい解釈を与えてくれた。

最近、ポストSDGsのメインアジェンダとして、ウェルビーイングが注目されている。ギャラップ社の二〇二二年の世論調査「GALLUP WORLD POLL（GWP）」に当社も参加し、「調理の楽しさ」や「共食」が主観的ウェルビーイングに与える影響を調査した［Gallup 2023］。GWPは、二〇〇五年以来、約一五〇か国（二〇二二年は一四二か国）を対象に、人々のウェルビーイングについて定期的に調査を実施しており、国連の「世界幸福度報告書」や、OECD（経済協力開発機構）の幸福度調査である「Better Life Index」などにも採用されている。

ここでは、誰かと一緒に食事をする「共食」とウェルビーイングの関係性について紹介したい。「週に一回以上の共食をした人は、一人きりで食べる人に比べて、ウェルビーイングの実感度（Well-being指数）が高い」ということが分かった。世帯収入、性別、年齢層、学歴、雇用形態、配偶者の有無、居住地域、居住国など、個人の生活評価に影響を与える可能性のある要因を考慮した後でも、共食機会の多い人はその指数が高いという結果だった。さらに、過去7日間に「誰かと夕食を食べた日数」が多いほど、ウェルビーイング実感が高くなることも示された（図8）。

「共食」の対概念となる「孤食」についても評価をしている。一人で食事をするとの回答者の「生活の質」および「社会的なつながり」の評価指標は、過去七日間に少なくとも一回誰かと食事をした回答者の結果よりも低値であることが分かった。つまり、「孤食」は「共食」により得られるプラス側のウェルビーイング実感を得られないだけでなく、マイナス側の影響としても表れる。このグローバル調査は、本章で紹介した食の価値を教えてくれた人たちの言葉を、より力強く、普遍的にする。料理を楽しんだり、他の人と一緒に頻繁に食事をしたりすることは、その行為を通じて精神的な側面に影響を与えていく。

「間食」とは、「きまった食事と食事との間に物を食べること。あいだぐい。」と定義されている［小学館『大辞泉』編集部 二〇二四］。「間食」が生命維持に必要なエネルギーや栄養素摂取を目的としない場合、主たるその機能は食事が担うため、間食はなくてもよい存在となる。だとすれば、「間食」は不要なのか。「間食は不要」という扱いは、少し乱暴に感じる。「間食」と聞いて何を想像するかは個人差があるだろうが、多くの人間を魅了する飲料や菓子類などのいわゆる嗜好品が、「間食」の対象に入ってくるため、不要とは言い難いとの思いになる。嗜好品の歴史や文化的意義について素人が語ることはしないが、専門家たちの見解は「間食」の捉え方についての示唆を与えてくれる［高田 二〇二一、山極 二〇二二］。

「間食」や「嗜好品」がない世界での暮らしを想像してみたい。どのような世界になりそうだろうか。間食も嗜好品も、個人の

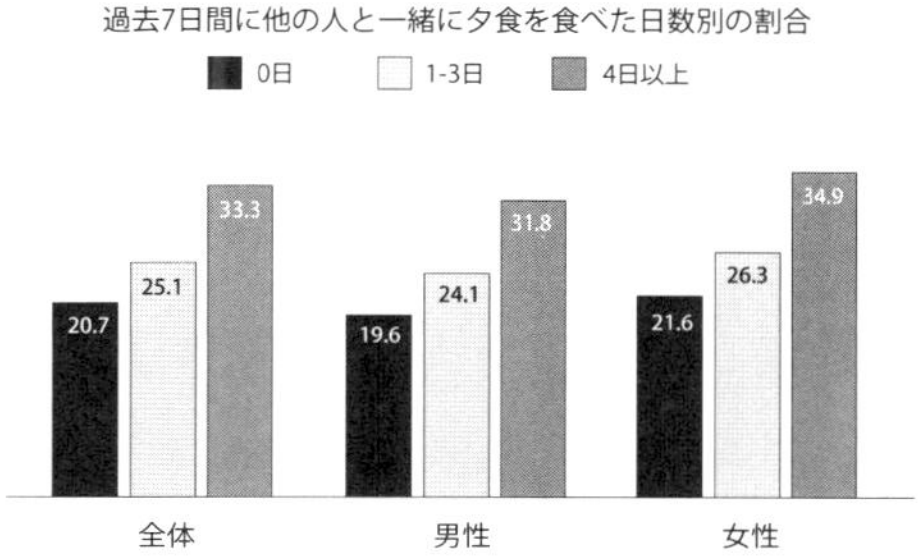

図8　Well-being 指数
「GALLUP WORLD POLL」2022 年調査

好みにあう楽しみを目的にしているので、まずはそれを享受できないことになる。楽しみの機会消失。次に、共通の趣味嗜好や価値観により構成される場、そこに集まる人々のつながりが消失することにも気づく。つながりの機会消失。間食や嗜好品には、人の内的な充足というだけでなく、人を外に開き、外側との強いつながりをつくる機能がある。人は、間食や嗜好品として扱われるモノそのものに高い価値を見出すものだが、実は、モノにより生み出されるつながりづくりにこそ強みがあるのかもしれない。

必要不可欠ではないモノや時間や場は、必須要素から構成されるものよりも、どこか少し緩やかで軽やかである。それは、食事と間食の関係性のようでもある。緩やかさと軽やかさが、新しい人とのつながりや未知との出会いをもたらす。新しい結合は新しい知を生み出す。そうして社会は豊かになっていくのではないか。

「間食」のある世界に戻ってみると、そこは、自分だけの嗜好やこだわりが許容され、人々はそれを思い思いに楽しんでいる。嗜好や価値観によりつながるコミュニティが生まれ、それがあちこちに存在する。コミュニティのなかでは、新しい出会いと結合が起き、新しい発想や概念が生まれ、やがてコミュニティの外側へ出ていく。「間食」を受け入れる社会は、健やかであり豊かである。

最後に、食の未来についてさまざまな分野の方と対話をしてきた「FUTURE FOOD TALK」（二〇一八～二〇二二年公開、二〇二四年現在非公開）から、筆者が好きなエピソードをご紹介したい。山崎直子氏（元・JAXA宇宙飛行士）は、「朝昼は慌ただしくて、それぞれがぱぱっと食事を終えてしまう。

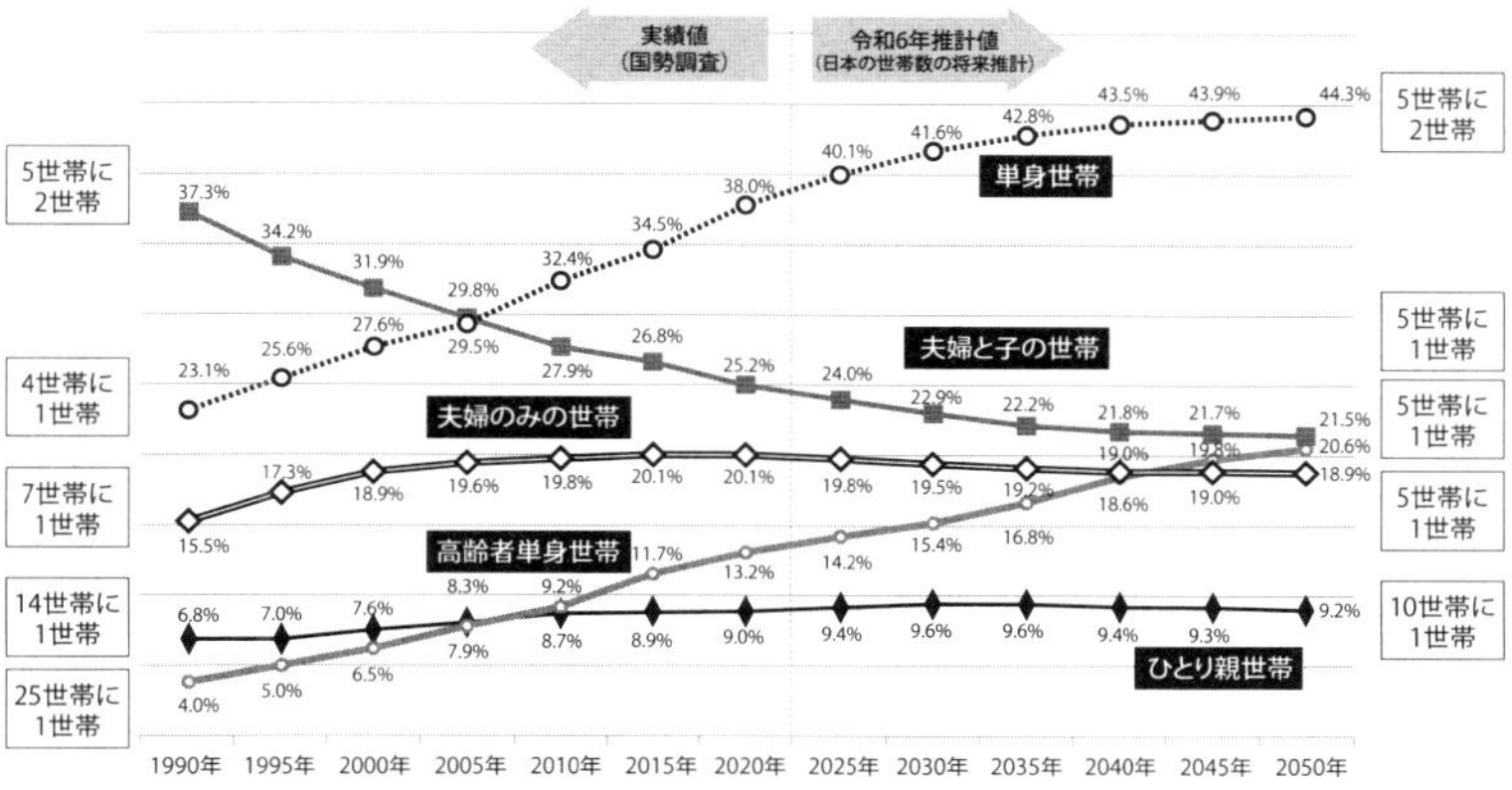

図９　日本の世帯構成の推移と見通し

（出典）総務省統計局「国勢調査」、国立社会保障・人口問題研究所「日本の世帯数の将来推計（全国推計、令和６年推計）」
［厚生労働省 2024］を基に作成

ただ、夜ごはんは一緒に食べることが伝統になっていて、その時には食卓があったほうが落ち着くよねという話になり、初期のＩＳＳ（国際宇宙ステーション）クルーが食卓をちょっとした材料でこしらえて、それが今でも食卓として使われています」と話してくれた。宇宙でも食が人と文化を交流させる。食卓という場が人をつなげているのだ。

クリス・アンダーソン氏（元「WIRED」ＵＳ版編集長、3DRobotics CEO）は、「食事には、全く興味がない。だが、人と食卓を囲むことには大きな意味がある。スマートフォンに没頭し、人と顔を突き合わさずに日々の生活を送ることは簡単だ。そんな環境で、昔から変わらない食卓を囲むことが、人と直接顔を合わせて関係を築くための最後のアンカーになっていると思う。人と一緒に食事をすることは、私たちを結びつける接着剤のようなものだ」と話してくれた。接着剤のように人と人をくっつけて離さない食、未来にもこの接着剤をもっていきたい。

昨今の急激なテクノロジー進化、健康志向の高まり、あるいは持続可能な食資源への意識などは、これまで以上に生活者のライフスタイルに影響を与えることになるだろう。生きる社会や時代の影響を受けながら、生活者の価値観や状態も変化していく。日本では、単独世帯が四〇%近くの構成比率となり、単身化が加速している（図9）。単身化の主要因としては、未婚者と単身高齢者の増加があるが、前向きな一人暮らしの選択だけではなく、難しい生活環境の変化により一人で暮らすことになっている人々もいる。さまざまな境遇の食を想像しながら寄り添っていく必要がある。グローバルを見渡しても、地政学的な分断のみならず、情報社会でのコミュニティの分断など、分断が起きやすい社会である。だからこそ、食でのつながりやその在り方を再考することは、人々のウェルビーイングに直結することであり、そこにこそ、「間食」と「食事」それぞれの存在価値の発揮があるように思える。

参考文献

厚生労働省（二〇二四）「我が国の人口について」https://www.mhlw.go.jp/stf/newpage_21481.html
小学館『大辞泉』編集部（編）（二〇二四）『デジタル大辞泉』小学館。
髙田公理（二〇二二）「人類文明史のなかの嗜好品とその未来」『嗜好品文化研究』第6号。

田中宏隆、岡田亜希子他（二〇二〇）『フードテック革命 世界七〇〇兆円の新産業「食」の進化と再定義』日経ＢＰ。
山極壽一（二〇二一）「未来の嗜好品とは何か」『嗜好品文化研究』第６号。
Brasted, C. (2021) Why cooking and baking fill a void. https://www.bbc.com/worklife/article/20210128-why-cooking-and-baking-fills-a-void
Gallup (2023) *Wellbeing Through Cooking: Global Insights Into Cooking Enjoyment and Eating Together*. https://www.gallup.com/analytics/544376/cooking-enjoyment-communal-wellbeing.aspx
Rimbawan, R. et al. (2023) School Lunch Programs and Nutritional Education Improve Knowledge, Attitudes, and Practices and Reduce the Prevalence of Anemia: A Pre-Post Intervention Study in an Indonesian Islamic Boarding School. *Nutrients*, 15: 1055–1069.

第12章　心理学からみた間食

大森美香

間食を功罪という観点で捉えると、心理学や健康科学でとりあげられる間食は、残念ながら「罪」の文脈で捉えられることが多い。食行動全般についても、抑制が肯定されるのに対し、促進はどちらかといえば否定的な前提で研究が進められている。心理学の食行動研究は、健康を目指した食べ方や食品選択を前提としており、食べることがいかにコントロールされるのか、コントロールにはどのような心理的プロセスが関連しているかに注目してきた。

この観点から、間食という行為や間食として食べるものは「罪」とみなされてしまう。間食は、脂質やコレステロールの摂取量増加、食物繊維ビタミンの摂取量減少に関連するなど、栄養素等摂取状況に影響を及ぼす［笠巻他 二〇二二］。一日のエネルギー摂取量に占める間食の割合は、アメリカで約二四%、オーストラリアで約三五%との報告があり、体重増加のリスクとの関連が指摘されている

[Papadakis et al. 2021]。また、高カロリー（エネルギー）な嗜好食品は、その生産に大量の水が消費され温室効果ガス排出量（GHGE）全体に大きく貢献するとされている。間食やスナック食品の摂取は、個人の健康と環境への悪影響として、「罪」なのである。

間食とは何か、本フォーラムの討論から間食の定義の難しさが見えてきた。定義が難しいということは、「罪」としての間食だけではなく、「功」としての間食もあるはずである。本稿では、間食を、食品としての側面と行為としての側面に着目し、関連する心理的プロセスを検討していく。より適応的な間食のとり方として、マインドフルイーティングの概念を紹介する。

1　社会規範と間食

多くの人々は、食欲を満たし、健康を維持するために食べる。心理学における摂食行動研究は、動機づけの研究として始まった。その始まりは、キャノンらが一九一二年に胃収縮説を唱え、空腹時の胃の収縮が空腹感に繋がり摂食のきっかけとなる、との説明にある。脳研究が発展するとともに、空腹感には脳の視床下部腹内側核（ventromedialhypothalamus, VMH）と視床下部外側野（lateralhypothalamicarea, LHA）が関与するとの中枢説が提唱された。中枢説とは、血糖値の上昇により視床下部腹内側核の神経細胞が〝満腹信号〟を発信、食べるのをやめるようになり、空腹時の血糖値下降は、視床下部外側野の刺激を通して〝空腹信号〟が発信され、摂食の開始につながるというものである。近年は、摂

人間とニホンザルの間食

食の短期的調節に、グレリンとコレシストキニンというホルモンが関与するとの説が有力とされている［畑 二〇一七］。

空腹を感じたら食べる、満腹になったら食べることをやめる。このような摂食のメカニズムは、人間以外の動物の摂食行動の説明には十分かもしれない。人間に近い霊長類は、いつでも食べられる時に採食したものを食べている［市野 二〇二三］。ニホンザルも群れで移動しながら、山の植物や木の実、昆虫、カタツムリなどを食べており、食事と間食の境界は見られない。

一方、人間の「食べる」行為は、空腹感と満腹感だけではなく、何を食事や間食とするかという食品選択やタイミングに関する社会規範、態度や認知、感情、心理的病理が関連している。食事や間食の時間が、社会によって決められており、多くの集団メンバーは何ら疑いをもたず、あたりまえのように朝食、昼食、夕食の三度の食事と間食の時間を設けている。Huseinovic他［2019］は、ヨーロッパ一〇ヶ国を対象に大規模調査を実施し、食事と間食の摂食タイミングの比較を行った。イタリアやフランスで三食のタイミングが明確なのに対し、デンマーク、スウェーデン、ノルウェーでは、三食と他の摂食タイミングの区別がつけにくいという違いが見られた。これは、食事や間食のタイミングに関する社会的慣習や規範が、個人の食事行動を決定している表れと推測できる。

間食は、人生のあらゆる段階の人々の食生活の一部であり、間食の質とパターンは、生涯を通じて健康に影響を及ぼす。Almoraie他［2021］は、子供から高齢者までの生涯にわたる間食習慣のパターンと健康アウトカムの検討を行った。児童期から青年期にかけての間食は、高エネルギーで栄養価の低い食品摂取を特徴とし肥満のリスク増加に関連していた。大学生では、年少期に比べ健康的な間食の重要性の認識がより高くなっていた。ただし、学業ストレスや時間のなさが、成人期では、就労状況が間食の質とパターンに影響を与える重要な要因となっていた。社会規範だけでなく個人のライフスタイルが間食行動を左右するものである。

子供の間食の食品選択において、食品の何が重視されるかの調査がある［Rusmevichientong et al. 2022］。この調査では、カリフォルニア州の人種的マイノリティの多い中学校の一一歳から一三歳の生徒一六六名を対象に、選択の際に重視されるスナックの栄養素と特性が調べられた。重要性が高かったのは、全粒穀物、塩分、タンパク質、カロリー、砂糖であった。複数の特性が関係している場合、生徒たちは、一般にネガティブとされる栄養素（糖質など）により注意を払っていた。スナック菓子の特性として最も重要度が高いのは、価格、栄養価、社会性、味、利便性であった。また、生徒たちは栄養価が低くても、家族が食べるスナックを選ぶ傾向があった。この結果は、調査が実施された学校や地域の社会規範を反映している可能性があろう。

食べることの社会規範は、「健康的な食べ方」のための食品選択も要求する。健康的に食べるため、個人が注意深く食品を選択したり食べる量をコントロールするなどの制約は、食欲を満たしたり好きなものを好きなように食べる目標と競合し、健康的な食事と自由に食べることの間で自己コントロールの葛藤を経験することになる。一般に、健康的な食べ物は不健康な食べ物よりも満足感が低いと信じられることが多く、葛藤は増大することになる。実際、健康的とされるファストフード食品のカロリー量は、不健康な食べ物に比べて低いと推定される傾向がある。大学のカフェテリアで、複数の食品の健康度とカロリーを評定してもらった調査では［Finkelstein et al. 2010］、食品の健康度の認識と推定されたカロリーの間には強い負の相関があることが明らかになった（r = −.59、p < .001）。健康的と認識される食品は、カロリーが低い、すなわち満足度が低いと推定される傾向を明らかにした調査である。健康的な食品があまり食欲を満たさないと判断される場合、食品の選択時に個人が矛盾を経験する可能性が高い。

2　何が間食とみなされ、間食にはどのようなイメージがあるのか

何を食事とみなし何を間食とするのか。筆者は心理学を専門としており、いくつかの食行動に関する調査を行ってきた。日々起こる感情が、食べるという行為をいかに誘発するのか。大学生を対象に、食事と間食の前後で、感情がいかに変化しうるのか、携帯端末を用いてデータ収集しようと試みたこ

とがある。ところが、調査立案の段階で、スケジュールに関して比較的自由度の高い大学生の〝食事〟時間の把握は、なかなか難易度が高いことがわかった。朝九時に起床、二時限目の授業にかけこみがてらバーを一本口にする。これは朝食なのか間食なのか。アルバイトが終わって夜遅くに帰宅、小腹がすいたのでカップラーメンを一つ。これはもしかすると〝夜食〟かもしれないが、夜食は食事なのか間食なのか。時間で、食事か間食かを定義することは極めて難しく、調査計画を変更することになった。

何が間食とみなされるのかに関する初期の調査は、一九七五年Douglasによって行われたとされる〔Wansink et al. 2010〕。Douglasは、食事と間食を分けるのは「口に入れる」食器が使用されるかどうかであると主張した。この食事と間食の区別は、手で食べられるファストフードの普及によりあいまいになってくる。

その後、Wansink他〔2010〕は、食事と間食の判断の違いについて、一二二人の参加者を対象に、「食事」の判断がいかになされているかを調査した。「食事」は食品と環境（友人や家族が同席しているか、着席しているか、ナプキンや皿の品質など）を手がかりにしていることが示された。環境の手がかりの特徴は、「食事」は、陶器の皿と布ナプキンを使用し、座って家族と三〇分間かけることが含まれた一方、「間食」は、紙皿と紙ナプキンを使用、立って一〇分間で一人で食べることが明らかになった。食品の手がかりとしては、食事とみなされる食品の特徴は、調理済みで健康的な高価で高品質の食品が多く含まれることであり、間食の食品の特徴は、包装されていて不健康な、安価で低品質の食品が含まれるというものであった。

間食という行為や間食として食される食べ物には、「不健康」、「栄養面で望ましくない」イメージがつきまとうかもしれない。望ましい食べ物は、望ましくない食べ物の裏返しでもある。「理想的な間食」とは何か。Schlinkert他［2020］は、健康的／不健康的という意味を含まない理想的な間食の食べ物とは何かを聞き取り、それらと、健康的／不健康的なスナック食品に関連する特徴との比較を行った。この調査は、オランダ人一〇八七名を対象として、（不）健康的とされる間食の特徴を挙げてもらい、理想的な間食の概念を生成した。共通点は感覚特性と「健康」という概念であった。

一方で、多くの先行研究から、おいしい食べ物は〝不健康〟とみなされる傾向にあり、不健康な食べ物は、おいしく満足感が高いことが報告されている。Finkelstein他の実験では［2010］、食品といっしょに健康的というラベルが提示されることで、摂食量に差異が生まれるかどうか検討した。研究協力者たちは、チョコレートとラズベリーのプロテインバーを試食するよう求められるが、その際に、「健康的」または「おいしい」という情報のいずれかが提示される。「健康的」と提示された人々は、おいしいと提示された人々と比べ、空腹感が増し、より多くのバーを食べることが明らかになった。この効果は、健康的な食事が重要との認識により異なることが明らかにされた。「健康的な」バーの選択が求められたと感じた人々は、バーを食べた後に空腹を感じた一方、自由に選択できる条件ではこの効果は見られなかった。

3　間食にかかわる意思・認知・記憶

日本の「食事バランスガイド」のように、多くの国で食生活指針が作成されており、これらの指針では、いつ、何を、どれだけ食べるのかに意識を向けることが推奨されている。一方で、個人は、必ずしも推奨どおりに食べられてはいないと感じている。特に間食に関しては、食べている間食の食品は健康的でないと認識し、間食を控えようと意図しながらも、間食を続けていると報告することが多い［Verhoeven et al. 2012］。

長期的に健康を維持したい気持ちと、とりあえず食欲を満たしたい気持ちの矛盾の解決は難しく、失敗することが多い。メタボリックシンドロームや高脂血症の予防や改善のため、食事制限をしながらも食べてしまうことは、このことのよい例かもしれない。個人の努力だけでなく、国民や住民の〝健康的な食〟を目指して、政府や学校が、特定の食品の消費を制限したり、脂肪分の多い食品を禁止したりして介入することもある。アメリカのカリフォルニア州では、二〇〇八年、住民の健康維持支援のため、飲食店にトランス脂肪酸を含む食品の提供をやめるよう命じた。こうした外部管理は、当座の解決策となるかもしれない。健康的な食品だけが提供されれば、個人は健康的な食事をするという長期的な関心を維持する可能性が高くなる。一方、こうした管理は、食欲を満たすという相反する動機の強さにも間接的に影響を及ぼす可能性がある。

人々は外部からの統制に抵抗し、選択の自由を維持したいため、排除された選択肢を好むことが多い。社会心理学者のBrehmは、これを「抵抗・反発」を意味するリアクタンスと呼び、人が自由を制限・剥奪・侵害された際に、それに抵抗する反応と定義した［Brehm et al. 1966］。健康的な食品を食べるという社会的制約が課されると、個人は不健康な食品を食べたくなったり、食べすぎたり、健康上の懸念を無視するという形で反応する。間食を控えるようにというメッセージは、それに抗おうとして食べたい動機につながることが考えられる。

間食するかどうか、何を食べるのかの意思決定には、意識していない認知プロセスが関与している。スナック食品の摂取に関する認知プロセスには、「注意バイアス」（食品の手がかりから注意をそらすことの難しさ）、「遅延価値割引」（即時的満足に対して将来の報酬価値を割り引くこと）、「選好逆転」（価値のある選択肢が利用できない場合に、即時の報酬へ好みを切り替えること）が含まれる［Appelhans et al. 2016］。ポテトチップスや各種の甘いものは、高カロリー、高脂質、高糖質な食べ物として、食べることを控えることが推奨されている。しかし、実際の場面では、広告や商品にどうしても目がいってしまう、将来的な健康維持よりも目の前の食欲が優先される、という考え方である。

食の目標葛藤モデルによれば、減量を試みる人は、食欲をそそるものを食べることの楽しみを予想し、健康的な食事をすることに苦労する傾向がある。食べ物の楽しみと体重管理という二つの目標の間に内的葛藤を生み出す可能性があり、おいしい食べ物を食べるという考えが体重管理の目標を上回ると、意図に反して、裁量で選んだ食べ物を食べてしまう。

健康的な食事の目標と嗜好食品を食べるという目標間の緊張を解消するプロセスに、食事に関するセルフトークの存在が想定されている［Rose et al. 2022］。食事に関するセルフトークとは、ある食べ物を食べるかどうかを決める継続的な内面的な対話の意味で、食べることの目標葛藤において、体重管理や健康維持の目標から食べ物を楽しむという目標に切り替えるメカニズムとなっている可能性がある。

嗜好食品摂取に関するセルフトークはよく報告されている。セルフトークは、健康的な食事をとる意図と、脂肪、砂糖、塩分の多い間食をとる意図との間の葛藤を解決するためになされると考えられている。Rose 他［2022］は、嗜好食品を正当化するために使用されている四〇のセルフトークを確認した。食事に関するセルフトークについて、参加者が想起した内容として、報酬としての間食の正当化、間食の社会的影響、利便性、節食・間食・空腹感に関連する思考や自動性が、繰り返し登場することが明らかになった。参加者の大半は、嗜好食品の間食を避けようとしていると報告したが、食事に関するセルフトークによってこれらの優先順位が変わる可能性があり、間食を選択する状況の前のセルフトークが、食行動変容のための介入のターゲットになる可能性があることが示唆された。

4　感情やストレスと間食

やけ食いという言葉は、日常的なストレスや感情が食べるパターンを左右する状況を表している。

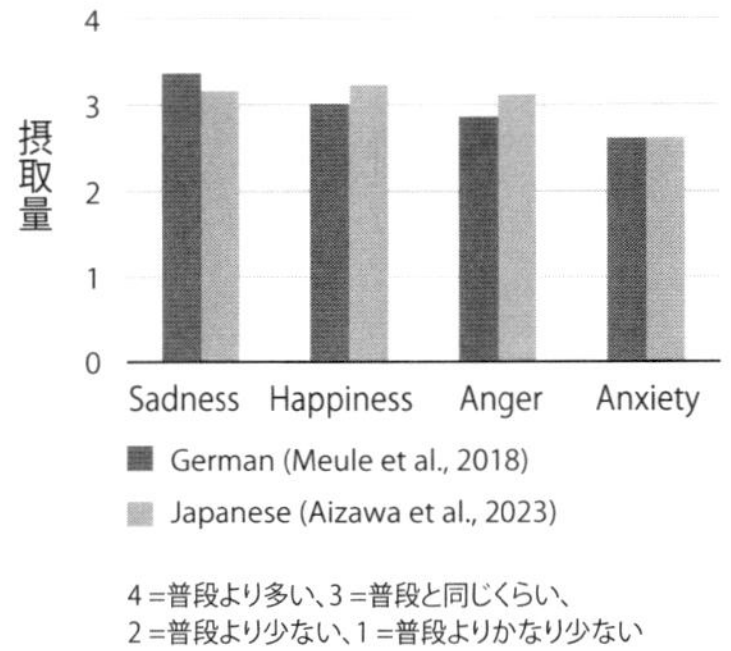

4＝普段より多い、3＝普段と同じくらい、
2＝普段より少ない、1＝普段よりかなり少ない

図１　感情別にみた情動的摂食（自己報告）

ストレスに関係した食べ物や食べ方としては、高脂肪、甘いもの、高エネルギーな食品であることが、多くの先行研究から明らかにされている。たとえば、ストレスと間食についての笠巻らが一〇四名の女子大学生を対象した調査では、対人ストレスが高いほどお菓子やスナック類の間食頻度が高いことが明らかとなった［笠巻他 二〇二二］。

感情に誘発される摂食は、情動的摂食（emotional eating）と呼ばれ、慢性的な情動的摂食は肥満や生活習慣病、摂食障害につながると考えられている。異なる感情と摂食量の関連をみてみると、ポジティブおよびネガティブな感情のいずれも、普段より多い摂食量に関連している。ドイツで行われた先行研究にならい、日本人を対象に同様の調査を行ったところ、類似するパターンが明らかになった（図1）［Aizawa et al. 2023］。

情動的摂食は、ネガティブ感情に対処するための摂食と考えられているが［Macht & Simons 2011］、感情に対処するために食べることが、必ずしもネガティブ感情の減少にはつながらない。感情と間食の関連について、Franja他［2021］は、一四一名の成人を対象に、一四日間、携帯端末を用いるEcological Momentary Assessment（ＥＭＡ）という手法を用いた調査を行った。ＥＭＡとは、日常生活のなかで、感情、考え、行動を記録してもらう調査手法であり、間食とその前後の感情の関連性を詳

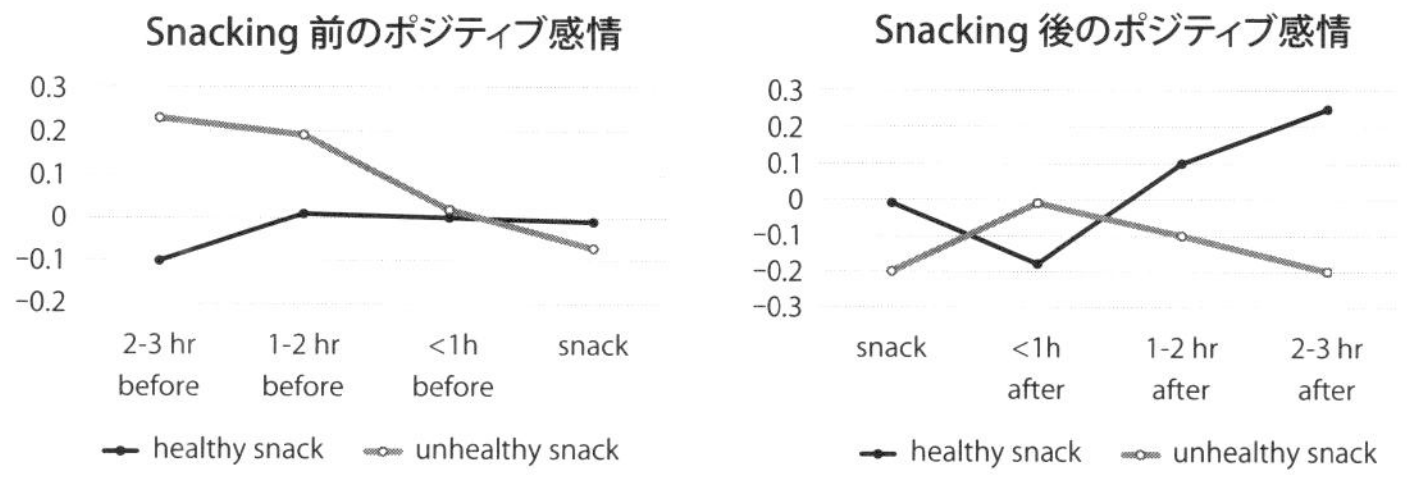

図２　間食前後の感情の変化

注：unhealthy: ハイカロリー食品（菓子、ポテトチップス、ファストフードなど）; Healthy: 乳製品、果物、ナッツ（［Franja et al. 2021］の図を転載）

細に分析することが可能である。Franja の調査では、間食を食事間の摂食"between-meal food intake"と定義している。

分析の結果、非健康的な間食では一時間前にポジティブ感情が急激に低下し、一時間後には一旦上昇するものの低下していた。一方、健康的な間食に関しては、間食前にポジティブ感情の増減は見られず、間食一時間後に一旦低下するものの、それ以降は上昇していた（図２）。ポジティブ感情が低下した時に、口当たりのよい高カロリーなスナック食品が食される一方、こうした食品を食べた後もポジティブな感情が持続するわけではないことが明らかになった。

5　食行動の病理

心理的病理が、適正な食行動の阻害となることもある。食行動にかかわる精神病理として知られているのが、摂食障害であろう。アメリカ精神医学会による精神疾患の統計的診断基準ＤＳＭ－５(Diagnostic and Statistical Manual, ＤＳＭ）には主要な摂食障害として、拒食症、過食症、過食性障害が掲載されている。

若年女性の〝拒食症〟や〝過食症〟はよく知られているが、過食性障害はあまり知られていない。過食性障害は、肥満のリスクファクターでもあり、肥満の解明や治療において心理的側面に着目する必要があることを示している。DSM－5の過食性障害の診断基準は以下のとおりである。

A　むちゃ食いのエピソードの繰り返し。むちゃ食いのエピソードは以下の二つで特徴づけられる。
　1他とははっきり区別される時間帯に（任意の二時間）、ほとんどの人が同様の状況で同様の時間内に食べる量よりも明らかに多い食物を食べる。

　2そのエピソードの期間では、食べることを制御できないという感覚。
B　むちゃ食いのエピソードは、以下の三つ以上を伴っている。
　1普通よりもかなり速く食べる。

　2苦痛を感じるほど満腹になるまで食べる。

　3空腹を感じていないときに大量の食物を食べる。

　4自分がどれほど沢山食べるかを恥ずかしく感じて、一人で食べる。

　5その後に、自分に嫌気がさす、抑うつ的になる。または強い罪悪感を感じる。
C　むちゃ食いに関する強い苦痛。

D　むちゃ食いは、平均して少なくとも三ヶ月間にわたって週一回。

E　むちゃ食いは、神経性過食症におけるような不適切な代償行動の反復とは関連していない。

近年、新たな摂食障害としてオルトレクシア（Orthorexia）という病理が着目されている。オルトレクシア（Orthorexia）の、Orthoは〝適切な、正しい〟を意味するギリシャ語であり、オルトレクシアには、健康的かつ適正な食べ物と食べ方への強いこだわりという特徴がある［Bratman 1997］。食べ物の調達や準備に多くの時間を割くため、学業や仕事に支障が生じることも多い。外食やできあいの食べ物を口にすることが困難になり痩せ細ったり、不用意に口にしてしまった食べ物の浄化のため大量の水を飲み、体内の電解質に異常が生じることがある。

DSMの第五版に向けた改訂で、オルトレクシアを診断基準に含める議論がなされたが、現在のところは摂食障害の診断カテゴリーには含められていない。神経性痩せ症、強迫性障害、うつとの重複も多く、病態のアセスメントツールが確立されていないためである。しかしながら、このような臨床的状態は、適切なものを適切に食べることをよしとする社会文化的規範を反映していると考えられている。

筆者らは、日本語版オルトレクシア尺度の作成を試み、栄養科学専攻の女子大学生（一四六人）と非専攻の女子大学生（二四六人）を対象に、オルトレクシア傾向の程度や、健康的に食べることや食に関する態度や認識の比較を行った［Omori et al. 2019］。栄養科学専攻の学生は、健康や食に関する

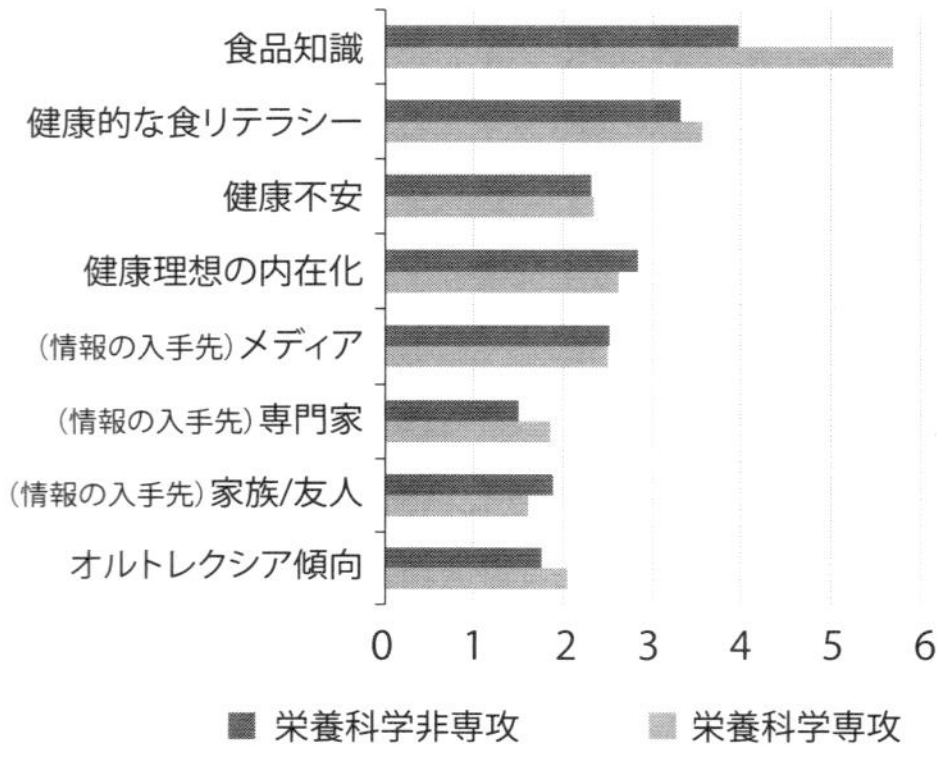

図３　栄養科学専攻・非専攻学生のオルトレクシア傾向

知識がより深く、主に専門家から情報を入手しており、オルトレクシアの点数が高いことが明らかになった（図3）。非専攻学生は、家族やメディアからの情報に頼る傾向にあった。

食育において、常に〝正しい知識〟が重視され、知識伝達的な教育プログラムが多く行われている。栄養科学専攻の学生のほうがオルトレクシアの傾向が強いことは、知識量が必ずしも適正な食べ物の選択や食べ方に繋がらないことを意味している。

6　適応的な間食と食事のために

エネルギー、糖分、塩分が多く、栄養素の少ない不健康なスナックは、口腔衛生、血圧、肥満、糖尿病など、個人の健康に悪影響を及ぼすことが実証されている。教育を通じて個人に栄養価の高い健康的な間食を奨励し支援することが、健康を増進し、病気のリスクを減らすために重要であると考えられている。

ここまで、食べる行為に影響を及ぼす、認知的バイアスや記憶、感情、心理的病理を説明してきた。

間食と食事については、他領域からの発表でも、その境界はあいまいであり、いずれにおいても必ずしも意識的な意図が反映しているわけではないことがあらためて見えてきたものと思う。間食か食事か、というよりは、いかによりよく食べるかが課題と考えられる。

間食が健康にどのような影響を与えるかは、その栄養成分によるものであり、果物や野菜を含む「健康的な」間食は、むしろよい影響を与えることが示されている。一方、アメリカとフィンランドの成人を対象に実施された研究では、デザート、お菓子、ポテトチップス、果物、パン、牛乳が間食のエネルギー摂取の主な源であることが示されている。同様に、ケーキ、パン、ビスケット、甘い飲み物などのエネルギー密度の高い食品は、子供たちの間食の主なエネルギー源である［Almoraie 他 2021］。間食で高密度食品を頻繁に摂取すると、日常生活のエネルギー摂取量の増加、体重増加や栄養素の質の低下につながる可能性がある。

今日、間食と食事の境界は益々あいまいになっており、重要なのは、いかによりよく食べるかなのかもしれない。いかによりよく食べるかに関して、近年のマインドフルネスへの着目とともに、関心をもたれている概念にマインドフルイーティングがある。

マインドフルネスとは、仏教の「念（サティ）」からヒントを得て体系立てられた方法である。次々に変化する内的・外的な状況、たとえば自分の呼吸や身体感覚に注意を向けて観察した結果として得られる心理状態であり、ヴィパッサナー瞑想、禅との共通点をもつ。マインドフルネスの提唱者のJon Kabat-Zinn［1994］は、マインドフルネスを「今この瞬間に意図的に、価値判断をすることなく、注意を向けることによって得られる気づき」［小山他 二〇二〇：四二］と定義した。

マインドフルネスは、Google社が、生産性向上のために会社を挙げて応用したことで、世に知られるようになったが、その効果については多くの科学的エビデンスが蓄積されている。服役中の受刑者の依存症や精神的症状の低減［Bowen et al. 2006］、怒り低減［平野他 二〇一三］、ストレス低減［谷口 二〇一八］、ホスピス緩和ケア従事者［伊藤他 二〇一八］、スポーツパフォーマンスへの応用［深町他 二〇一七］など、国内外で実証研究が盛んに行われている。

Kabat-Zinnは、マサチューセッツ大学病院において慢性疼痛患者のためのプログラムを開発するなかで、心疾患や線維筋痛症などさまざまな身体的問題への対応を行っていた。その過程で、症状についてとらわれず、穏やかにただ観察する「脱中心化」の構えをとることが心理的健康に役立つことを明らかにし、マインドフルネスの応用に辿り着いた。

このような考え方を応用したマインドフルイーティングとは、「食物に対して適量で満足感を感じ、自然と摂食を終えるには、五感をフルに活用して、食物や摂食によって得られる種々の感覚すべてに注意を向けながら摂食する」ことを意味する［小山他 二〇二〇］。マインドフルイーティングの対極にあるのがマインドレスイーティングである。Wansink他［2007］は、摂食行動の多くが習慣的／条件づけられたマインドレスな反応として行われていると考え、マインドレスイーティングと呼んだ。慌ただしい日常では、身体的空腹感に注意を払わず、他の理由で食べる。視覚刺激、一日のなかの時刻、ストレスや感情、味や質、その変化に注意を払わずに食べる。食べているときに楽しんでいない。どれくらい満足か注意を払わず、気持ちが悪くなるまで食べすぎる。栄養価を考慮せず食べ物を選ぶ（カロリー、脂肪、塩分など）。このため、何を食べるか、食べてはいけないのか、いつどのくらい食べるべきか、体重への影響はどれくらいなのか、多くの人が悪戦苦闘してしまうのである。

マインドフルイーティングは、このようなマインドレスな食べ方を修正するものである。食べるかどうかの判断（＝意思決定）はミリ秒単位で行われる。日々の生活で気になることで頭がいっぱいになり、判断の事実に気づかず、自動的な反応として食べてしまうことも多い。マインドフルイーティングの実践は、自動的な「反応」をマインドフルな「対応」に変えていくものともいえる。

マインドフルネスのトレーニングとは、価値判断せず、今ここで何が起こっているのか認識に注意を向けることである。すなわち、とらわれずに穏やかにただ観察する状態へ注意を向けるものである。

マインドフルネスの九つの原則が示されている。

原則1　自分の心と体が何を必要としているのか知っているのは自分だけ。

Kristeller他［2015］は、自分の空腹感、満足感、心地よさを「内なる知恵」と、食品エネルギー、栄養学の知識を「外なる知恵」と呼び、「内なる知恵」を利用し「外なる知恵」とのバランスをとることが重要であるとした。

原則2　自分の考えや感情は、情報として自分に知らせるために使う。罰するためではない。

「○○すべき」「○○すべきでない」という考えにとらわれない。

自身の身体や食習慣、食べ物に対する欲求、気分をあるがままに受け入れることを学ぶ。

原則3　「悪い食べ物」はない。

絶対的に悪い、または、よい食べ物はない。好きなものを少量味わい、食全体のバランスがとれていれば、体重増加や病気にはならない。罪悪感なく適度に楽しむことがゴール。

原則4　カロリーはとても重要。

どういう食べ物をどれだけとれば最も適切なのか、それはなぜなのか考える。

原則5　「内なる知恵」と「外なる知恵」は協働する。

食べたい思いや感情・衝動をマインドフルに冷静に認識すると、自分がそれをどう扱いたいか考える余裕が生まれる。

原則6　意志の力や罪悪感は不満足や苦闘のもとになる。

意志の力や罪悪感を「調べること」「理解すること」に置き換える。食べたい欲求に関連する思考や感情に触れ、感じるよう自分を導く。

原則7　自信と食べ物のかかわりは切り離せない。

ひと口ずつ味わっているときの心の状態次第で、思考や感情はポジティブにもネガティブにもなる。

原則8　ひと口ごとに喜びは見つけられる。

マインドフルになると、ひと口ごとに喜びを見つけることができる。食べ物を大切にし、食べる経験を楽しむことができる。

原則9　どう食べるかよりも、人生は、はるかに重要である。

マインドフルに食べることを通して、自身が責任をもった人間であること、食べることや体重よりも、人生のほうがはるかに重要であることの気づきが促される。

上記のとおり、マインドフルイーティングは、価値判断せず何が起こっているのか認識を高めていくこと、自動的な「反応」としてのマインドレスな食べ方をマインドフルな「対応」にしていくことの実践を強調している。この点では、間食という行為や食品を絶対的な「罪」とみなすのではなく、マインドフルな食べ方をすることにより、間食による「功」を見出していくことができるという考え方といえる。

7　まとめ

心理学の領域においても、間食の定義は困難を極めるように思われ、本フォーラムの「食事とは何かを逆照射する」という課題に応えられていないかもしれない。食事にしろ間食にしろ、食べる行為には、社会的規範や栄養科学からの要請に応える個人の意思以外の、感情や病理、あるいは視覚的／社会的手がかりが関連している。間食により、食べる楽しみを味わい、心身の健康や well-being につなげるためには、食べ物や食べ方の知識に加え、適応的に食べるための方法の獲得の開発をすすめる必要はあるだろう。

参考文献

市野進一郎（二〇二三）「霊長類学からみた間食」『２０２３年度 食の文化フォーラム「間食の功罪：食事とはなにかを逆照射する」』レジュメ四－七。

伊藤義徳、笹良剛史、栗山登至、木甲斐智紀、平仲唯、玉榮伸康、坂本大河（二〇一八）「ホスピス緩和ケアに従事する支援者のためのマインドフルネス認知療法の効果」『マインドフルネス研究』二（二）：六六－八一。

笠巻純一、宮西邦夫、笠原賀子、松本裕史、西田順一、渋倉崇行（二〇二一）「女子大学生の間食行動と心理的ストレスとの関連」*Health and Behavior Sciences*, 2020-2021, 19 (2): 45–56，公開日 2022/03/31, Online ISSN 2434-7132, Print ISSN 1348-0898, https://doi.org/10.32269/hbs.19.2_45, https://www.jstage.jst.go.jp/article/hbs/19/2/19_45/_article/-char/ja, 抄録。

小山憲一郎、荒木久澄、小牧元、野崎剛弘（二〇二〇）「マインドフルネス食観トレーニング：Mindfulness Based Eating Awareness Training (MB-EAT) に関する基礎研究――チョコレートエクササイズのマインドフルネス音声教示はチョコレートの摂食量を減らしうるか――」『福岡県立大学人間社会学部紀要』二八（二）：四一－五三。

谷口弘一（二〇一八）「集団マインドフルネス瞑想訓練のストレス低減効果」『パーソナリティ研究』二七（二）：一六八－一七〇。

畑敏道（二〇一七）第一章「食行動の生理的基礎」青山謙二郎・武藤崇（編著）『心理学からみた食べる行動　基礎か

ら臨床までを科学する』北大路書房。

平野美沙、湯川進太郎（二〇一三）「マインドフルネス瞑想の怒り低減効果に関する実験的検討」『心理学研究』八四（二）：九三－一〇二。

深町花子、荒井弘和、石井香織、岡浩一朗（二〇一七）「スポーツパフォーマンス向上のためのアクセプタンスおよびマインドフルネスに基づいた介入研究のシステマティックレビュー」『行動療法研究』四三（一）：六一－六九。

Aizawa, N., Tozawa, H., Yamazaki, Y., & Omori, M. (2023) Factors inhibiting weight gain due to emotional eating in Japanese adults: Effects of emotion regulation, mindful eating, and self-control. Conference Presentation at the 2023 Annual Convention of the Society for Personality and Social Psychology.

Almoraie, N. M., Saqaan, R., Alharthi, R., Alamoudi, A., Badh, L., & Shatwan, I. M. (2021) Snacking patterns throughout the life span: potential implications on health. *Nutrition Research*, 91, 81–94.

Appelhans, B. M., French, S. A., Pagoto, S. L., & Sherwood, N. E. (2016) Managing temptation in obesity treatment: A neurobehavioral model of intervention strategies. *Appetite*, 96, 268–279.

Bowen, S., Witkiewitz, K., Dillworth, T. M., Chawla, N., Simpson, T. L., Ostafin, B. D., et al. (2006) Mindfulness meditation and substance use in an incarcerated population. *Psychology of addictive behaviors*, 20(3), 343–347.

Bratman, S. (1997) Health food junkie. *Yoga Journal*, September/October: 42–50.

Brehm, J. W., & Sensenig, J. (1966) Social influence as a function of attempted and implied usurpation of choice. *Journal of Personality and Social Psychology*, 4(6), 703.

Finkelstein, S. R., & Fishbach, A. (2010) When healthy food makes you hungry. *Journal of Consumer Research*, 37(3), 357–5367.

Finkelstein-Fox, L., Gnall, K. E., & Park, C. L. (2020) Mindfulness moderates daily stress and comfort food snacking linkages: a multilevel examination. *Journal of Behavioral Medicine*, 43(6), 1062–1068.

Franja, S., Wahl, D. R., Elliston, K. G., & Ferguson, S. G. (2021) Comfort eating: An observational study of affect in the hours immediately before, and after, snacking. *British journal of health psychology*, 26(3), 825–838.

Huseinovic, E., Winkvist, A., Freisling, H., Slimani, N., Boeing, H., Buckland, G., et al. (2019) Timing of eating across ten European countries–results from the European Prospective Investigation into Cancer and Nutrition (EPIC) calibration study. *Public Health Nutrition*, 22(2), 324–335.

Kabat-Zinn, J. (1994) *Wherever You Go, There You Are: Mindfulness Meditation in Everyday Life*, Hyperion

Kristeller, J. & Bowman, A. (2015) *The Joy of Halfa Cookie: Using Mindfulness to Lose Weight and andEnd the Struggle with Food*. Perigee.

Macht, M., & Simons, G. (2011) Emotional eating. *Emotion Regulation and Well-Being*, 281–5295.

Papadakis, T., Ferguson, S. G., & Schüz, B. (2021) Within-day variability in negative affect moderates cue responsiveness in high-calorie snacking. *Frontiers in Psychology*, 11, 590497.

Rose, J., Pedrazzi, R., & Dombrowski, S. U. (2022) Examining dietary self-talk content and context for discretionary snacking behaviour: a qualitative interview study. *Health Psychology and Behavioral Medicine*, 10(1), 399–5414.

Rusmevichientong, P., Jaynes, J., & Chandler, L. (2021) Understanding influencing attributes of adolescent snack choices: Evidence from a discrete choice experiment. *Food Quality and Preference*, 92, 104171.

Schlinkert, C., Gillebaart, M., Benjamins, J., Poelman, M., & de Ridder, D. (2020) The snack that has it all: People's associations with ideal snacks. *Appetite*, 152, 104722.

Verhoeven, A. A., Adriaanse, M. A., Evers, C., & de Ridder, D. T. (2012) The power of habits: Unhealthy snacking behaviour is primarily predicted by habit strength. *British Journal of Health Psychology*, 17(4), 758–770.

Wansink, B., & Sobal, J. (2007) Mindless eating: The 200 daily food decisions we overlook. *Environment and Behavior*, 39(1),

106–123.
Wansink, B., Payne, C. R., & Shimizu, M. (2010) "Is this a meal or snack?" Situational cues that drive perceptions. *Appetite*, 54(1), 214–5216.

総括　間食　考えるに適した食事

野林厚志

本書におさめられたそれぞれの論考には、間食とは何かという洞察があますところなく盛り込まれている。執筆者の専門分野における間食の定義、間食の5W1H（誰が、どこで、いつ、何を、なぜ、どのように）、そこから引き出される間食の役割への考え方がよく理解できるであろう。

間食の定義やその詳細、多様性の具体例はそれぞれの論考にまかせ、総括となる本章では間食1・0――生態学的間食、間食2・0――社会文化的間食と大きく分類し、その特徴をあらためて整理する。そのうえで、これからの間食3・0のゆくえを展望してみたい。

1　間食1・0――「三度の食事」以外にいつ、何が食べられているのか

人類社会における規則的な摂食行動、すなわち「三度の食事」は他の社会的な活動と大きく関わることに異論はないであろう。一方で、生態学的な適応行動をとっている野生動物に「三度の食事」と呼べるような規則的なものと間食との違いがあるか否かは興味深い課題であった。

人類にもっとも近縁な野生生物であるチンパンジーには人間に見られるような「三度の食事」はないとされる（第1章参照）。チンパンジーも含めた霊長類の多くは雑食性であり、草食動物や肉食動物とは代謝の条件やタイミングが異なる。摂食した食物の種類（動物性、植物性）によって消化時間や得られるエネルギー量が異なるために、食事の間隔は必ずしも一定とはならないのであろう。食物の探索のための移動と休息とが繰り返し行われる連続的でモザイク的な霊長類の摂食行動を、時間の単位を明確にした「三度の食事」としてとらえることは容易ではなさそうである。その時々に得られる食物を対象にした摂食を短時間で繰り返す、いわゆる日和見《ひより み》的な行動をとる野生動物については、食事と食事の間の間食と食事との区別ができないのである。

同じような環境にいても時間に規則的な摂食行動がないのだから、環境の急激な変化があった場合はなおさら、摂食行動の時間や内容、量に関わる規則性は薄れるであろう。例えば、移動による生活環境の変化がこれにあたりそうに思われる。

ワオキツネザルはテリトリーの広さに対して個体群の規模が大きいとされていた。遊動域の中で集団全体が食べ続けていると食物が乏しくなるので、遊動域を広げる必要が生じる。そうした場合、個体群は基本的には採食可能な生態域へ移動する。ここで、集団内に優劣の順位があるような種だと、劣位の個体は採食競争に負ける。このような個体は個体群の大半とは別のものを食べたり、別のタイミングで摂食することで適応をはかる。このことは特定の個体が集団の大勢とは異なるニッチを獲得する契機になりうる。

移動先での異なる摂食行動は新たなニッチの学習でもあり、結果的に集団の生態域を拡張させる開拓的な性質を有する。また、特定の個体が他の個体とは異なる摂食行動をとることで、集団内の多様性が生じることになり、社会の進化の契機にもなりうることから、その進化的意義についても一考の余地はあるだろう。同じようには食べないことが革新的、新奇的なものに個体や集団を導くきっかけとなり、マイノリティの生存手段にもなりうるのである。雑食性の霊長類の、規則的ではない特に移動の合間に手当たりしだいつまんでいく摂食行動は自由であり曖昧な点で、間食の原点のような位置づけにあるといえる。

自然資源に大きく依存してきた狩猟採集集団に時間的な規則性をもった「三度の食事」が明確に存在するのかどうかについて、筆者は具体的なデータや知見を持ち合わせてはいないため深入りは避けるが、一九七〇年前後のボツワナ中部のサンの場合、安定して得られるウリ類、豆類、根茎類の組み合わせで年間の食事の内容が構成されていたようである（第2章参照）。興味深いのはサンの間では野生動物の肉はいつも食べるようなものではないとされていたことである。

安定して得られ、食事の中心となる食べもの以外に、量的には中心となる食物よりは少ないものの、機会があれば食べる多種多様な食物が存在している。日常茶飯とはならない一つの理由は、サンの人々が必ずしも同じ時期に同じ場所で採集や狩猟をするとは限らないためである。イモ虫や鳥の巣や鳥の卵をたまたま見つけたり、仲間から聞いた情報をもとにして、その時々で利用できる食物を獲得して食べるのである。

サンにとってのこれらの摂食は量的にはそれほど多くはないが、多様な食物の利用が習慣化されている。爬虫類や鳥類、昆虫、ハチミツと種類が多く、その栄養価も相応なものがあるといえるだろう。狩猟採集民とはいえども、近隣の農耕民との接触や交流を通して、安定はしているが画一的な食物、とりわけ農産物による食生活が浸透していくなかで、機会的な摂食の習慣は、多様な食物を通して栄養素をとりこんでいくうえで有効であろう。こうした摂食行動が、外部から導入された画一的な食物に対して補食の役割を発揮するようになったといってもよい。

機会的に多様な自然資源を摂食していたサンと対照的なのが、利用できる自然資源が限定される冷涼で乾燥した地域の人々である。例えばモンゴル草原の遊牧民の暮らしはそのよい例となる（第3章参照）。モンゴルの遊牧民は、家畜からの生産物である乳茶と乳製品を終日とり、毎回の食事と間食には内容の区別がないとされる。また食事をとる時間が必ずしも一定ではない。これは、生きものが相手となる遊牧の暮らしは動物の時間に合わせたものとなり、人間側の都合で何かをする時間を決められるわけではないからである。「三度の食事」や間食とはあくまで人間側が時間や回数を規定した人工的、文化的な行為であることをよく説明している。

高温で乾燥した西アジアでも「三度の食事」は曖昧なようである（第4章参照）。シリアの都市部では朝昼晩に「三度の食事」をとるという意識はあるものの、朝は簡単にすませ、中心となる食事は昼食としてとる。午後の二時半以降から始まる昼食では野菜や肉を中心にしっかり食べ、昼食後は午睡をし、家庭生活や友人との交流、買い物といった市民生活は、気温が下がる日没後に盛んとなる。涼しくなった夜は、昼の残りで夕食を簡単にすませるのが一般的で、市場で軽食をつまんだりして小腹を満たす。

体力を消耗しやすい暑い日中は外に出ずに屋内でしっかりとした食事をとり、睡眠時までの限られた涼しい夜間に外出して買い物や余暇を楽しむために、栄養価の高いナッツ類や果実、カロリーの高い焼き菓子を手短に食べられるようにしていることは、高温乾燥地域において動きやすい時間を有効に使う効率的な食事の様式であろう。昼食以外の食事の位置づけは曖昧ではあるが、栄養を補給するための役割は相応に果たしていそうである。栄養素の確保は果たしているが、「三度の食事」といいきれるような時間的な規則性と内容が薄弱な摂食行動も、その性格からは間食1・0に含めてもよいように思われる。

ところで、間食には食物を想定しがちであるが、飲み物をどう扱うかも考える必要がある。シリアのような暑く乾燥した地域で人々が働く時間は午前中から午後二時ぐらいまでで、その間に数回、砂糖を入れて甘くした茶やコーヒーを飲む。イタリアでかつてはワインに砂糖を入れる飲み方が労働者や農業の従事者の間には見られたが、現代ではエスプレッソコーヒーに砂糖を入れたものにおきかわっている。台湾のタピオカミルクティーは飲み物と一緒に食物を流し込むようなものだが、小売七〇〇ミリリットルあたり約六五〇キロカロリーと成人男性なら三杯、成人女性なら二杯も飲めば、一日の基礎代謝量を十分こえるカロリーが得られる。

これらの飲料品は栄養補給に加えて水分補給の役割を果たしている。間食の生態学的な役割は補食と考えがちであるが、高温や乾燥した環境下では特に不可欠な水分補給も間食となりうる。

ペットボトルが普及し、最近ではマイボトルも奨励され、飲料品を携帯することも珍しくなくなった。それ以前は、水分を意識的に補給する機会が日常生活ではそれほど多くはなかったかもしれない。その原因の一つは、衛生上の問題がない十分な量の水分の確保はそれほど容易ではないからである。広く補食をとらえた場合には飲み物も間食の脈絡に組み込んでいく必要がある。

このように考えてみると、間食1・0は、「三度の食事」が未分化な時期も含めて栄養補給や水分補給のために行われる摂食行動でありながらも、必ずしも主たる食事とは位置づけられていない状態のものや、栄養補給の点においては他の摂食行動ほどには貢献していない食事と説明できるであろう。

2　間食2・0——共食と料理がもたらす充足感

間食1・0のもつ補食の役割は継続しつつ、社会文化的な意義をより強く帯びていくのが間食2・0である。間食2・0は間食1・0の性格や役割を排除はしないし、乳幼児や高齢者の食生活において補食としての役割が発揮される場面は少なくない。一方で、衛生状態や医療水準も含めた生活水準のレベルが一定以上に到達している社会では、小児や乳幼児を除けば、間食が補食のために必要であるとはいえず、むしろ、過剰な栄養摂取の機会となってしまい、必ずしも肯定的には位置づけられていない（第10章参照）。

にもかかわらず、間食が存在してきたことには何かしらの理由があるのだろう。個体が本能的に行う行動ではないものが世代をこえて継承されているということは、それが文化的であるといえる。文化的な事項は集団によって異なることから、集団内で育まれ継承されてきた間食は社会に応じた多様性が生じてきたと考えてよい。周囲の自然環境への依存度が高い霊長類や狩猟採集集団の間食が、周囲の自然環境に応じた多様性をもつのに対し、社会文化的な多様性をもつのが間食2・0である。それぞれの社会が経験してきた歴史や育んできた食文化に応じた個性をもつ、現代の我々が一般に間食と呼ぶ多くの食事がこれに相当するだろう。

この場合の間食を特徴づけるのは、社会文化的な要因であり、焦点化されるのが、コミュニケーション、充足感、きまりである。

(1) コミュニケーション

「三度の食事」は擬制的なものも含めた家族でとることが多い。そこには、食事を提供する義務を発生させるような関係があることが前提となっている。また、「三度の食事」をともにすることで、関係が構築、強化、確認されることもある。「同じ釜の飯を食う仲間」は「三度の食事」をともにする者たちの一体感を示すい葉である。間食を食べた者どうしをこのように呼ぶことはないだろう。一方で、間食は「三度の食事」とは異なる社会的な関係を、より広い範囲の共食の機会を与えることによって築いていくことを可能にする。

信州の「お茶の時間」は、文字通りのお茶を飲むということだけではなく、日本の農村において、田植えや稲刈りなど農作業が重労働であった春先から秋までの仕事の合間の食事をさす（第8章参照）。労働で体力を消耗することを考えれば、「お茶の時間」は補食の性格をもつが、「お茶の時間」で大切にされていたのは隣近所との付き合いである。農作業がない冬季の間でも「お茶の時間」が頻繁にあったことからもそれが理解できる。

イタリアでも同様に仕事の合間の間食が存在する（第5章参照）。イタリアの一日の食事の回数は現在では三食が一般的であるが、かつての慣習は、朝食を簡単にとるか食べないで、昼食をしっかりとり、夕食は簡単にすませるというものであった。そして、それでは体力がもたないので軽食をとる生活様式が定着していた。日本の「お茶の時間」に相当するのが、この軽食メレンダ（merenda）である。メレンダは個人が食べたい時に食べるようなものではなく、仕事の合間やその後に食べる習慣的なものであり、春から夏にかけて日照時間が長くなり畑仕事が遅くまで行われる時期の午後にいったん休みをとって、一緒に畑仕事をしている者どうしがパンやワイン、ハムやチーズ、オリーブのオイル漬け、ジャム、パイなどを持ち寄ってとる食事である。

個人で生きるのではなく共同体として存在していることを感じさせるうえで、労働による一体感は強い作用を持つ。ただし、労働の経験は苦痛であっては逆効果になる。労働の過酷さや苦しさを払拭させ、経験をその場で喜びに変えていくことに一役買っていたのが「お茶の時間」やメレンダといってもよい。「空腹は最大のご馳走」であり、ご馳走をともにした者の紐帯が強まっていくことにもつながる。

家族以外の他者とともにする食事がもつ社会的意義は、共同体や親族の紐帯の確認や強化であり、それはしばしば冠婚葬祭時といった非日常の食事を通してはかられる。日本の民俗調査から明らかとされているのは、間食がこうした非日常的な、いわゆるハレの食品となるものも包み込みながら摂取され、食べるものの範囲がかなり広く多種多様なことである（第9章参照）。普段は食べられないもの、家族との食事で出すようなものではないものを食べる口実として、間食が存在するともいえる。日本における文脈では、葬儀や祝いごとの時に作る特別な料理、例えば赤飯のようなものを普段でも食べたい時の口実として、家族以外にふるまうという間食を通したもてなしであらわれてくる

開かれた場で提供される特に手をかけた料理や食べものは、共同体の中での作り手の地位や評価を高くする要因ともなるだろう。性別や年齢、家柄といった構造的、制度的に固定化される個人の社会的地位が、料理をつくる技量によって変化する機会を、間食も与える可能性がある。実生活の場面で、個人の社会的地位が逆転していくことは、社会の硬直化をふせぎ、成員にとっての居心地のよさにもつながる。共同体社会を維持していくうえで必要なコミュニケーションを高めるという間食が果たしてきた役割は無視できない。

(2) 充足感

もちろん、「お茶の時間」やメレンダがもつ補食の役割は重要である。メレンダではパンやジャム、パイでカロリーを補給するとともに、ワインのようなアルコールを摂取することにより、カロリー補給に加えて血行の改善や利尿促進による老廃物の排出が期待される。「お茶の時間」で提供される食べものも焼き餅や握り飯、ふかし芋、煮物、漬物とカロリーやミネラルをしっかりとれるものが並ぶ。お茶を飲むことで水分補給や利尿の促進がはかられていることがよくわかる。「お茶の時間」やメレンダは消耗した体力を生理的に充足している点で、間食1・0の顔をもつ。

とはいえ、空腹だからといって何を食べてもよいというわけではない。疲労している場面でおいしくないもの、食べたくないものを食べると、それは逆効果にさえなりうる。息抜きの時においしいもの、普段では食べられないものを食べたという充足感がもたらす効果は無視できない。

飲食を通した充足感の正体は、間食をとらえる一つの鍵になりうる。食べた結果、生理的なシグナルを得て快楽の状態に至ったのか、フランス語の「口を楽しませる」(amuse-bouche)といった独特な表現にこめられた象徴的、観念的な意味を読み取れるか否かは、間食1・0と間食2・0との境界にも関わってくる。

ヒト以外の動物には栄養摂取のためだけではなくて、ある種、遊びのような食べ方が知られている。味という生理学的な充足だけではなく、口腔や咽喉への物理的な刺激もあいまって、口を楽しませているのかもしれない。ワオキツネザルのような霊長類が採食行動において、普段の採食行動でとるものとは異なる食べものを口にした時に得られるのが栄養的充足なのか、心理的充足なのかを断定することは難しいだろうが、採食量などを考えた場合、栄養的にはあまり貢献していないけれども心理的充足に関連してる食物があることは否定できない。

研究者、とりわけ自然科学の分野ではこうした現象を、食物を分析して実は栄養学的な隠れた役割があるといった還元的な説明をしがちであるが、そのすべてを必ずしも適応的には説明できないであろう。とりわけ間食がもたらす心理的な充足感は、それにあたるように思われる。間食には、おいしいと認識しているものを口に運ぶだけでなく、それを食べる脈絡を意識したり、その記憶を呼び起こすことで充足感をもたらす作用もあるだろう。

間食の脈絡が与える充足感で重要なことは、誰が満足するのかということである。すなわち、満たされるのは間食を提供する側なのか、提供された相手なのかという問題である。

日本の農村社会における間食は、自家用かもてなし用か、日常食か行事・儀礼の食なのか、作る手間の多い少ない、食べる時の手間、保存の可否で分類が可能とされる。作る手間に注目した場合、手間暇をかけてつくること、自身で食べること、相手が食べて満足している様子を見ること、相手から感謝されることなど、さまざまな充足感が作り手側に存在する。こうした観点で考えた時、例えば多種多様な日本のおやつやお茶うけには目をみはるものがある（第7章参照）。

間食で提供される豊かな食物を創意工夫して作りだしていった原動力になったのは、自分が食べたいという欲求以上に、食べさせる相手を喜ばせたいという欲求であり、それがかなった時に得られる充足感ではないだろうか。もちろん、「三度の食事」を作り手がおろそかにしているわけではないが、「三度の食事」のすべてに全身全霊を傾けて作るのは気力、体力が長続きしないし、食べさせる相手の反応がそれほどでもなければ、当たり前のように食べていると思ってしまうだろう。「三度の食事」があまりにも当たり前すぎてしまい、マンネリ化してしまうのである。間食は機会的であるがゆえに、そのチャンスに懸ける作り手の思惑が、間食を豊かにしてきた一つの要因ではないだろうか。

いずれにしても、間食が与える社会文化的充足感が人間にとっての間食の大きな存在意義であり、これは生物種ホモ・サピエンスが個体の生命維持のためにおこなってきた食を食事という文化的な営みに変えていく構造と並行進化したように思われる。間食を考えることによって、他の生物にはない食事という文化が人間社会の中に出現していく過程を見通すことができる。

(3) きまり――慣習と制度

間食を社会文化的存在と考えた場合、その伝達や継承をとらえる必要がある。文化にはそれが水平的にも垂直的にも伝達、伝承されていく属性がある。個体や個人の嗜好、行動としてだけではなく、個体や個人が属する集団、すなわち社会の中でそれがどのように位置づけられ継承されていくのかを考えなければいけない。

間食が社会の中で維持されていくうえで重要な社会文化的要因は慣習と制度である。この両者は双方とも権威主義的な部分があることで、拘束力を持ったり義務感を生じさせる。ただし慣習は担い手によって変化が生じ、場合によっては破られることがある点において、制度よりも個人の裁量がものをいう。

共同体での冠婚葬祭や労働後の慰安における共食はもともとは慣習的なものであり、そこでの食事は経験的に伝達され継承されてきた。しかしながら、都市化や地縁の衰退が進み、共同体社会におけ る一体性が脆弱になると、経験を共有する成員や機会が減少し、かつて慣行されていた家族以外、特に地域の共同体の成員どうしでの共食はすたれていく。

共食は食べるだけでなく、食材の準備、食べる空間の設置、一緒に食べること、食べた後の片づけ、共食の経験の振り返り等で構成されている。例えば祭儀場のあらかじめ準備された場所で、ケータリングで準備されたものを一緒に食べることはかつての共同体社会で慣行されていた共食とは質的に大きく異なるであろう。

間食も同様である。作り手がわざわざつくりふるまう間食は面倒なものとなり、手軽に買うことが可能なものに置き換わっていくことは容易に想像できる。有名店からのお取り寄せがネットで簡単にできる現在、間食は作り手の手仕事とはどんどん乖離していき、共同体の慣習としての間食とはその意義や形態が大きくかわってきている。

一方で、制度の手ごわさは一定の考え方や価値観を当然のこととしてトップダウンで実践させる点にある。間食に関する制度の代表は学校教育であろう。

例えば日本では、平成三一年三月に発行された『食に関する指導の手引――第二次改訂版』において、各教科を横断して食に関する指導や食育を進めるものとされている。同手引における小学校の教育では間食を以下のように指導するものとしている。

生活行動が主な要因となって起こる病気の予防には、糖分、脂肪分、塩分などを摂りすぎる偏った食事や間食を避けたり、口腔の衛生を保ったりすることなど、健康によい生活習慣を身に付ける必要があることを理解します。（小学校－体育（保健領域）－［第五学年及び第六学年］）

また、平成二九年に改訂発行された小学校の学習指導要領では、「『B　衣食住の生活』の⑴『食事の役割』、⑵『調理の基礎』と関連させて、家族との触れ合いや団らん、地域の人々との交流の機会にお茶を入れたり、果物や菓子などを供したりすること」と解説されている。

興味深いのは小学校の段階ですでに間食の社会文化的な側面がとりあげられている点である。従前の指導の内容からは、学童期には、間食とは団らんや交流の機会に提供されるものであると知識として印象づけられるであろう。しかしながら、実際に地域の人々との交流のなかで間食を経験する機会は、現代の日本ではそれほど期待できないかもしれない。

3　間食3・0のゆくえ

本書の各章で描かれた多様な間食のありかたは、食事と食事との間に食べること、食べるものという字面通りの説明では間食を理解できないことを物語っている。また、生態学適応のための補食の性格が強い間食1・0と、社会文化的に構築されてきた間食2・0とでは互いに排他的でないどころか、かなりの部分で重複したものといえるだろう。

では間食は今後どのようなかたちをとっていくのだろうか。それは間食だけの問題にとどまらず、「三度の食事」も含めた我々の食事の風景の未来像にも深く関わってくる。

我々の多くは栄養バランスのとれた「三度の食事」の大切さと必要性を、学校教育で学ぶだけでなく、日常生活の中でもメディア等から情報や知識として認識してきた。その具体像は例えば家庭科の教科書等に掲載されている食事のイメージである。日本であればご飯、おかず数品、汁物、デザートといった食事の構成が典型的なモデルとなる。

しかしながら、人間の「食べる」行為は、個体の生命の維持、空腹に対する充足、食品選択やタイミングに関する社会規範、態度や認知、感情、心理的病理等、様々な要素が関わってくる（第12章参照）。栄養学的に適した健康的なものを規則正しく食べることは望ましいことであろうが、そうした食べものや食べかたが個々人の嗜好や食べるタイミングと合致するとは限らない。食べたくて「食べる」行為と理想化された「三度の食事」とは単純には直結しない。とりわけ、時間に追われる現代社会において、それは顕著になっているように思われる。

現代社会の時間の感覚は、以前にはない変化を見せていることは誰もが同意するであろう。「タイパ（タイムパフォーマンス）」という考え方のインパクトははかりしれない。「タイパ」社会の生活者が、規則正しい「三度の食事」や手間ひまかけて自分たちが作る間食を日常的にとることは容易ではないし、それに価値を必ずしも見出さないであろう。ready-to-eatの食品は、そんな現代社会の食事の現実を映し出している。これは、必要な時に手軽に入手できる食物を食べるという間食1・0の構造に似ている。大きく異なるのは、現代のready-to-eatの食品が栄養補給、とりわけカロリー供給の面で「三度の食事」にひけをとらないということである。

また、作り手が自身や他人の食に関することに自分の時間を使われたくないと考える社会において、「三度の食事」の意義や価値は再考を求められている（第11章参照）。食材や食器、そして準備を集約したready-to-eatの商品や栄養がパッケージされた健康食品に見られる産業化された間食は「三度の食事」にとってかわる実力をもっている。

「三度の食事」には、自分が食べるものを自分で準備できるという自己肯定感、手間ひまかけた料理が作り出す良質なコミュニケーションや充足感があったはずである。また、食材、調理や盛りつけの手間、提供する食べものの量や種類、これらを変えることによって「三度の食事」はランクづけされ、主餐やその他の食事、または間食との偏差が作り出されてきた。そして、それは共食の機会も含めて社会関係の構築にも深く関わってきた。そうした食事とは逆のベクトルをもつのが現代の間食である。

このように考えていくと、時間や場所、食べかたに限定されない食べかたこそが本当に望まれている食事を具現化できるのではないかとさえ思えてくる。

「三度の食事」という言葉に代表される習慣的で条件づけられた食事を無批判に受け入れるのではなく、食べる楽しみを感じとり、心身の健康やwell-beingにつなげるマインドフルネスの考え方（第12章参照）は、人間に特有であった社会文化的な食事への大きな挑戦になるかもしれない。これはマインドフルネスの態度が「三度の食事」を否定しているのではなく、本来であれば、栄養的な充足と心理的な幸福感を与えてくれるはずの「三度の食事」が、負担や苦痛になっていることへの警鐘でもある。いかによりよく食べるかということが食生活の基本になるならば、食事は機会的であってもよく「三度の食事」と間食とを区別する意味はない。間食と「三度の食事」との境界が曖昧になっていく可能性は否定できない。

「三度の食事」が主役の座を降り、間食の領域が増殖していくことで、画一的な食事としての間食3・0が出現してもおかしくはない。産業的にあらかじめ準備されたパッケージの中から目的にあわせて選んでいく「タイパ」の優れた間食3・0はやがて、間食の座から食事の座にのぼりつめていくかもしれない。

4　鍵をにぎる日本の間食文化

従前に描いた間食3・0には、かつての間食がもっていたはずの自由さと柔軟さは残っていない。裏をかえせば、自由で柔軟な間食を意識的に維持することで、異なる間食3・0を描くことができるようにも思われる。その鍵をにぎるのが日本の間食文化であろう。

「伝統的な」、「かつての」という修飾語が付される地域の食文化は「昔ながら」の製法や考え方だけで維持されているわけではない。間食もそれぞれの時代ごとの創意工夫によって受け継がれてきたものであり、技術やインフラの発展も当然のことながらそうした創意工夫に寄与してきた（第7章参照）。間食づくりの主な担い手となってきた女性のエンパワーメントは間食を含めた地域の食文化を広く発信している（第8章参照）。

もちろん日本だけでなく、他の国や地域でも同じようなとりくみが行われているであろう。一方で、食事の縮図ともいえる間食をどのようにデザインしていくのかは、例えば高齢者から年少者までの多様な世代が存在する高齢・多世代社会の食のありかたを考えることにもつながっていく。その点において日本はよいモデルを与えてくれるような気がする。平均寿命の国際比較ではつねにトップを争う日本は、時間一つとってみても、「スロー」が日常となっている世代から「タイパ」重視の世代まで多様な生活様式が存在するからだ。

また、今後の社会において間食の領域が拡大していくのであれば、心と身体の健康と幸福感に間食が与える影響も大きくなっていくことになる。アメリカでは甘味飲料やスナック菓子、ファストフード等、現代社会におけるグローバルな間食の主役となってきた工業的に生産され保存期間が長い超加工食品のもつ依存性に警鐘が鳴らされ、より体によいスナック食品を提供するヘルシースナック市場が成長していると聞く。

これに対し、日本の間食の伝統は季節にあわせた旬の恵みを無駄にしないためにあれやこれやの趣向をこらし、工夫を重ねてきたところに特色がある。糖分や脂質を不自然に凝縮し工業的に生産した超加工食品と、多様な材料と多様な技法を人の手で組み合わせてきた日本の間食のメニューとは、心身の健康と幸福感について大きく異なる立ち位置にあることは明らかであろう。「和食」が二〇一三年にユネスコの無形文化遺産に登録され、日本の食は国際的にも高く評価されているが、間食文化といってもよいニッチな食のかたちを日本の風土は作り上げてきたのである。

やや理想主義かもしれないが、よりよい社会の状態やＱＯＬ（クオリティ・オブ・ライフ）のために、間食とうまくつきあっていくことに一定の意義を認めたい。間食の柔軟性が柔らかく社会を変えていくことの期待をこめて。

おわりに　間食は豊かさの証か

梅崎昌裕

ウシは、一日に体重の一〇パーセントに相当する重さの草を食べるという。体重五〇〇キログラムのウシであれば、食べる草の量は五〇キログラムである。そんなにたくさんの草を食べるためには、一日中、草を探し、口を動かしていなければならない。

のべつまくなく、たくさんのものを食べるというのは、ウシに限らず草食動物に一般的なパターンのようである。パプアニューギニアで調査をした先輩によれば、サバンナで捕獲されたワラビーの胃の中には大量のチガヤがつまっていて、なかには手にチガヤをつかんだまま捕獲される個体もいるという。起きている間はずっと食べ続けなければならない草食動物にとって、間食とはまったくもってありえない概念なのだと思う。草本という食べ物はエネルギー密度が低く、食物繊維が多いので、摂食・消化・吸収に長い時間がかかる。

パプアニューギニアにて

私が二〇代のころ、パプアニューギニア高地で、エネルギー摂取量の約八〇パーセントをサツマイモでまかなう人々の調査をしたとき、現地の人と同じものを食べて生活するのが大変だったのを覚えている。サツマイモは栽培化された植物であり、野生の草本に比べればエネルギー密度が圧倒的に高い。それでも、私が日本で食べていたものに比べると、サツマイモ中心の食事は食物繊維の含有量がはるかに多く、食べるのには相対的に長い時間がかかった。しかも、サツマイモはお腹にたまりやすい。私の目標は、一日に二キログラムのサツマイモから二〇〇〇キロカロリーのエネルギーを摂取することだった。そのためには、中くらいの大きさ（一個二〇〇グラム）のサツマイモを一日に一〇本食べなければならず、それを達成するには大変な努力が必要であった。思えば、パプアニューギニア高地には「間食」に相当するものは存在しなかった気がする。あえていえば、カルガ（パンダナス属）の実はおやつのように食べるので「間食」といえなくもないが、それは、一年のなかの限られた時期に標高の高い地域に住む人々だけが食べるものであった。

中国海南島にて

三〇代に調査をした中国海南島のリー族の村落では、お米が主食だった。おかずは水田の中や畔に生える野草、いわゆる「水田雑草」で、少なくとも二〇種類以上の野草が食べられていた。調査をしていたころは、ハイブリッド米が導入されてコメの生産性が飛躍的にあがっていた時期だった。人々はバイクの移動販売がもってくる豚肉を余剰米との交換で入手し、それをおかずにすることもあった。余剰米を使った酒造りも盛んで、毎日、いろいろな家で酒盛りが開かれていた。人々は、「昔は米が足りずに酒もたまにしか飲めなかったけれども、いまは毎日飲めるようになった。また豚肉も食べられるようになったので、よい時代だ」というようなことを話していた。一方で、村の周辺が自然保護区になり、焼畑と狩猟が禁止されたために、焼畑で生産していた作物や狩猟で入手していた野生動物の肉が食べられなくなったことは残念だという人もいた。この村に、「間食」に相当するものがあったかどうか考えてみたが、思いつくものはない。午後は明るいうちから酒を飲むことが多かったので、そのつまみに食べた水田雑草のいためものや、クマネズミの燻製、酒そのものが間食といえなくもない。

インドネシアのスンダ農村にて

四〇代になって、短期間の訪問を何回か繰り返したインドネシアのスンダ農村は、それまでの調査地と異なり、間食が日常に存在する社会であった。たいていの家には、米でつくった手作りのせんべいが常備されていた。町で売られているクルプックと呼ばれるデンプンを材料にしたせんべいに比べて、村のせんべいは米の食感が残り、サクサクとした歯触りでおいしい。この手作りせんべいは、蓋のついたプラスチックやガラスの容器に保存されており、私が村の家を訪ねると、家の人は棚からせんべいの入った容器を持ってきて、さあどうぞとすすめてくれる。少しお金のある家だと、手作りせんべいだけではなく、バナナや店で買ってきた甘いお菓子が何種類も常備されていて、それを食べるようにすすめてくれる。私は子どものころからむやみにお菓子を食べてはいけないと教えられてきたので、もうすぐ夕食という時間でも、村の人たちがせんべいやお菓子を食べる習慣が不思議だった。

思えば、子どものころ、私の家にもスンダの家と同じようなお菓子入れがあり、親が許可してくれれば、そこに入っているせんべいやクッキーなどを食べることができた。お菓子を食べすぎるとご飯が食べられなくなるから大きくなれないよといわれ、子どもの私には間食というものは楽しくも罪の意識を感じる行動であった。その後、大学生になって運動部に入ると、エネルギー消費量の多い練習が中心だったため、間食は体重を維持するために必須のものになった。バナナや大袋のチョコレート、あんドーナツなど、食べやすく、エネルギー密度が高いもの、そして何よりも価格の安いエネルギー源が間食の中心であった。この時期は、間食は悪いものではなく、生きていくために必要なものであった。三〇歳を過ぎて、だんだん基礎代謝量が減少し、ひかえめにご飯を食べているつもりでも体重が常に増加の傾向を示す日々においては、間食は基本的に避けるべき行動となった。間食に対する栄養学的にネガティブなイメージは、現在も継続している。

間食の本性とは

誰しも、まず自分の経験に照らしながら物事を考えるものである。私がここまで書いてきた内容は、この本のテーマである「間食」について私が自分の経験に照らしながら考えたことである。本書に収録されている「間食」の事例は、私が個人的に経験した「間食」に比べると、よりユニークで社会文化的な意義の大きなものが多いように感じる。「間食」をテーマに学問的な検討をするからには、対象とする事例が、地味なものより派手なもの、一般的なものよりおもしろいものになるのは仕方のないことである。しかし、事例が多様できらびやかであるがゆえに、その後ろに隠れた間食の本性に気づきにくいということもあるだろう。私が直感的に思ったのは、間食は社会にとって豊かさの証ではないかということである。

豊かさの証というと誤解を招くかもしれない。たとえば、趣味の運動は、食料を効率的に入手・生産できる社会でしか存在しえない行動、すなわち豊かさの証である。食料生産に費やすエネルギーと生産される食料のエネルギーのバランスが問題とされた時代には、楽しみのためにジョギングをするという行動は存在しえなかったと思う。肥満も豊かさの証である。余剰な食料エネルギーを身体に蓄積できる、すなわちエネルギー密度の高い食料が十分に入手できる社会は、産業革命がはじまる以前には稀であっただろう。そして、間食もおなじく、豊かさの証ではないか。主食や副食が人間の生存に直結する意味をもっているのに対して、間食は人間の豊かさを前提とするものであるからこそ、そこには多様な社会文化的な意義がみられるのかもしれない。

読者のみなさまも、私とおなじように、それぞれの経験に照らしながら「間食」を考えられたことと思う。本書の序章や総括の章で野林さんも書いておられるように、間食を明確に定義することは難しい。その特徴ゆえに、間食というテーマは、それぞれの個人が自分の経験に照らしながら考える材料としては、都合の良い柔軟性をもっている。豊かな時代に生きることのありがたみを感じながら、みなさまそれぞれの「間食」を考えていただきたい。

あとがき

野林厚志

私は間食をよくする。とりわけ、仕事のストレスがたまってくると、食べたいと思うわけではないのだが、気が付くと何かを口にしている。人間ドックではいつも間食制限の指導がはいる。だから、間食をしていることを自覚した時、罪悪感にさいなまれる。罪悪感をともなう食事は幸せなものではない。幸せな間食とは何か、そんなことをぼんやりと考えてきたところにフォーラムのコーディネーターの話がふってわいたように突然やってきた。「無茶ぶりだなあ……」と思いつつ、請われたので一差し舞ってみるかと蛮勇を振るい、東京大学の梅﨑昌裕さんに一緒に踊ってちょうだいとお願いして、開催したのが二〇二三年度のフォーラム「間食の功罪」であった。

この年のフォーラムでは通常の発表と討論という形式に少し手を加える試みを行った。

第一回目では、世界の間食のフードスケープを概観することを目的として、フォーラムのメンバーにそれぞれが体験した、もしくは考えた間食についてショートトークをお願いするとともに、間食体験のアンケートをとり、間食の共通性、多様性を具体的に浮き彫りにした。

第二回目は、間食する霊長類ホモ・サピエンスの実像を探ることを狙いとし、他の霊長類との比較、栄養学から見た生態学適応と間食との関係を焦点とした。さらに、第三回目との接合を考えて、現代の食事を提供する側が間食も含めた食事をどのようにとらえているかを考えた。いわば人類史と現代とをつなぎながら、これからの間食を考えるきっかけを作ったと言えるだろう。

第三回目はより社会文化的な側面から間食をとらえた。とりわけ、間食のもつ社会的、文化的属性を具体的に示すことで、間食から食事を逆照射していくという当初の目的に収斂させていくように議論を進めた。

フォーラムで最初にかかげた目標の中には間食の共通性、多様性を浮き彫りにすること、生態学適応と社会文化的な側面から間食をとらえること、そのうえで食事とは何かを逆照射するという三つの課題があった。これらを踏まえながら進めたフォーラムでの発表や議論をふりかえると、間食の特徴として自由と柔軟性が随所で言及されていたように感じる。これは裏をかえせば、間食とは実に曖昧な存在だと言える。自由であり柔軟であることは、間食を定義するうえではあまり有利とはいえない。

案の上、これらは発表や議論を難しくし混乱させる原因となったように思われる。率直な感想を許してもらえるのであれば、間食とは学術的な議論を進めるうえで普遍的に通用する定義を与えることは難しい。このことは本書の各章の執筆者も異口同音に唱えていることである。筆者の力不足もあり、普遍的な間食の定義を確立するには至らなかったし、何よりも総括の執筆が非常に難しかった。おかげで、間食の機会も著しく増えることになった。

とはいえ、これまで間食をこうした学際的な議論の俎上に載せた例はあまり聞かない。手前味噌ではあるが、食文化研究に間食論を仲間入りさせるきっかけになったのではないかと感じている。突拍子もないテーマにお付き合いいただいた登壇者、フォーラム会員のみなさん、議論の場を提供してくださった味の素食の文化センターにあらためて感謝の意を表する。そして、本書の刊行を忍耐強く支えてくださった編集者の小山茂樹さん、平凡社編集部の山本怜央さんに心より感謝の意を表する。

執筆者紹介

■編者

野林 厚志（のばやし あつし）

国立民族学博物館学術資源研究開発センター教授、総合研究大学院大学教授。一九六七年、大阪府生まれ。東京大学大学院理学系研究科博士課程中退。国立民族学博物館文化資源研究センター助教授、同研究戦略センター准教授、教授を経て現職。専門分野は人類学、フォルモサ研究、物質文化論。著書に『現代食文化論』（共編著、建帛社、二〇二四）、『世界の食文化百科事典』（編集代表、丸善出版、二〇二一）、『肉食行為の研究』（編、平凡社、二〇一八）、『タイワンイノシシを追う――民族学と考古学の出会い』（フィールドワーク選書7、臨川書店、二〇一四）など。

■著者（執筆順）

守屋 亜記子（もりや あきこ）

女子栄養大学栄養学部准教授。一九六八年、長野県生まれ。明治大学大学院法学研究科博士前期課程修了（法学修士）。滋賀県立大学大学院人間文化学研究科博士前期課程修了（人間文化学修士）、国立大学法人総合研究大学院大学文化科学研究科地域文化学専攻修了。博士（文学）。川崎医療福祉大学特任准教授を経て二〇一一年より現職。専門分野は韓国の食文化研究。著書に『朝鮮半島の食――韓国・北朝鮮の食卓が映し出すもの』（編著、平凡社、二〇二四）、『韓国食文化読本』（共著、国立民族学博物館、二〇一五）、『日本の食の近未来』（共著、思文閣出版、二〇一三）、訳書に『キムチ百科――韓国伝統のキムチ１００』（韓福麗著、平凡社、二〇〇五）など。

市野 進一郎（いちの しんいちろう）

国立民族学博物館人類基礎理論研究部特任助教。一九七五年、愛知県生まれ。京都大学大学院アジア・アフリカ地域研究研究科アフリカ地域研究専攻修了。博士（地域研究）。日本学術振興会特別研究員ＰＤ、ドイツ霊長類センター行動生態学・社会生物学部門客員研究員、金沢大学先端科学・イノベーション推進機構博士研究員、京都大学アフリカ地域研究資料センター研究員などを経て、現職。専門分野は霊長類学・アフリカ地域研究。著書に「マダガスカル霊長類の野外研究史」『霊長類学の百科事典』（分担執筆、丸善出版、二〇二三）、「第8章 哺乳類・発展途上の多様性研究」「第53章 国立公園・生物多様性のホットスポット」『マダガスカルを知るための62章』（エリア・スタディーズ118、分担執筆、明石書店、二〇一三）など。

池谷 和信（いけや かずのぶ）

国立民族学博物館名誉教授、総合研究大学院大学名誉教授。一九五八年、静岡県生まれ。東北大学大学院理学研究科博士課程

単位取得退学。博士（理学）、博士（文学）。専門分野は人類学、地理学、生き物文化誌学。著書に、『アイヌのビーズ――美と祈りの二万年』（平凡社、二〇二二）、『トナカイの大地、クジラの海の民族誌――ツンドラに生きるロシアの先住民チュクチ』（明石書店、二〇二二）、『食の文明論―ホモ・サピエンス史から探る』（フォーラム人間の食 第一巻、編著、農山漁村文化協会、二〇二一）、『人間にとってスイカとは何か――カラハリ狩猟民と考える』（臨川書店、二〇一四）、『山菜採りの社会誌――資源利用とテリトリー』（東北大学出版会、二〇〇三）、『国家のなかでの狩猟採集民――カラハリ・サンにおける生業活動の歴史民族誌』（国立民族学博物館、二〇〇二）など。

石井 智美（いしい さとみ）

酪農学園大学名誉教授。一九五九年、北海道生まれ。酪農学園大学大学院酪農学研究科修了。博士（農学）。北海道大学大学院文学研究科修了。酪農学園大学酪農学部助教授・準教授、酪農学園大学酪農学部食品科学科教授、同大学農食環境学群食と健康学類教授を経て現職。専門分野は栄養学・微生物学・文化人類学。著書に『食の文明論――ホモ・サピエンス史から探る』（フォーラム人間の食 第一巻、共著、農山漁村文化協会、二〇二一）、『野生から家畜へ』（共著、ドメス出版、二〇一五）、『酒づくりの民族誌――世界の秘酒・珍酒』（共著、八坂書房、二〇〇八）など。

黒木 英充（くろきひでみつ）

東京外国語大学アジア・アフリカ言語文化研究所教授。一九六一年、東京都生まれ。東京大学教養学部教養学科第二「アジアの文化と社会」分科卒業、同大学院総合文化研究科地域文化研究専攻修士課程修了。修士（学術）。東京大学東洋文化研究所助手、東京外国語大学アジア・アフリカ言語文化研究所助手、助教授を経て現職。専門は東アラブ近現代史、中東地域研究。著書に『移民・難民のコネクティビティ（イスラームからつなぐ・4）』（編著、東京大学出版会、二〇二四）、『シリア・レバノンを知るための64章（エリア・スタディーズ123）』（編著、明石書店、二〇一三）、『「対テロ戦争」の時代の平和構築――過去からの視点、未来への展望（未来を拓く人文・社会科学シリーズ10）』（編著、東信堂、二〇〇八）など。

宇田川 妙子（うだがわ たえこ）

国立民族学博物館教授。一九六〇年、神奈川県生まれ。東京大学大学院総合文化研究科博士課程単位取得退学。東京大学助手、中部大学助教授、金沢大学助教授を経て現職。専門分野は文化人類学、ジェンダー研究、イタリア研究。著書に、『グローバル支援の人類学――変貌するNGO・市民活動の現場から』（共編、昭和堂、二〇一七）、『仕事の人類学――労働中心主義の向こうへ』（共編、世界思想社、二〇一六）、『城壁内からみるイタリア――ジェンダーを問い直す』（臨川書店、二〇一五）など。

阿良田 麻里子（あらた まりこ）

立命館大学食マネジメント学部教授。一九六三年、石川県生まれ。総合研究大学院大学文化科学研究科地域文化学専攻博士後期課程修了。博士（文学）。北スマトラ大学客員講師、国立民族学博物館外来研究員、武庫川女子大学非常勤講師、東京工業大学「ぐるなび」食の未来創生寄附講座特任講師などを経て現職。専門分野は食文化研究、インドネシア研究、文化人類学、言語学。著書に、『食の展望――持続可能な食をめざして』（フォーラム人間の食第三巻、共著、農山漁村文化協会、二〇二二）、『今日からできるムスリム対応――食のハラール入門』（講談社、二〇一八）、『大学生・社会人のためのイスラーム講座』（共著、ナカニシヤ出版、二〇一八）、『文化を食べる 文化を飲む――グローカル化する世界の食とビジネス』（編著、ドメス出版、二〇一七）、『インドネシア』（世界の食文化6、農山漁村文化協会、二〇〇八）など。

江頭 宏昌（えがしら ひろあき）

山形大学農学部教授。一九六四年、福岡県生まれ。京都大学大学院農学研究科修士課程修了。博士（農学）。山形大学農学部助手・准教授を経て現職。専門分野は植物遺伝資源学。著書に、『食の現代社会論――科学と人間の狭間から』（共著、農山漁村文化協会、二〇二二）、『人間と作物――採集から栽培へ』（編著、ドメス出版、二〇一六）、『火と食』（共著、ドメス出版、二〇一二）、『焼畑の環境学――いま焼畑とは』（共著、思文閣出版、二〇一一）、『どこかの畑の片すみで――在来作物はやまがたの文化財』（共著、山形大学出版会、二〇一〇）、『おしゃべりな畑――やまがたの在来作物は生きた文化財』（共著、山形大学出版会、二〇一〇）、『伝統食の未来』（分担執筆、ドメス出版、二〇〇九）など。

中澤 弥子（なかざわ ひろこ）

長野県立大学健康発達学部教授。一九六四年、熊本県生まれ。東京大学大学院医学系研究科保健学専攻博士課程修了。博士（保健学）。長崎短期大学専任講師、長野県短期大学専任講師、助教授、准教授を経て現職。専門分野は、食文化研究、食教育、調理科学。主な著書に、『食の展望――持続可能な食をめざして』（フォーラム人間の食第三巻、共著、農山漁村文化協会、二〇二二）、『麦・雑穀と芋』（共著、吉川弘文館、二〇一九）、『甘みの文化』（共著、ドメス出版、二〇一七）、『食材と調理』（共著、思文閣出版、二〇一七）など。

山田 慎也（やまだ しんや）

国立歴史民俗博物館副館長、教授。一九六八年、千葉県生まれ。慶應義塾大学法学部法律学科卒業。慶應義塾大学大学院社会学研究科社会学専攻博士課程単位取得満期退学。博士（社会学）。国立民族学博物館COE研究員、国立歴史民俗博物館民俗研究部助手、英国オックスフォード大学日産日本研究所、セントアントニーコレッジ客員研究員、准教授、教授、広報連携センター長を経て現職。専門分野は民俗学・文化人類学。著書に『現代日本の「看取り文化」を構想する』（共編著、東京大学出版会、二〇二二）、『無縁社会の葬儀と墓——死者との過去・現在・未来』（共編著、吉川弘文館、二〇二二）、『現代日本の死と葬儀——葬祭業の展開と死生観の変容』（東京大学出版会、二〇〇七）など。

佐々木 敏（ささき さとし）
東京大学名誉教授。女子栄養大学客員教授。一九五七年、三重県生まれ。京都大学工学部卒業。大阪大学医学部卒業。大阪大学大学院、ルーヴェン・カトリック大学大学院博士課程修了。医師、博士（医学）。国立がんセンター研究所支所臨床疫学研究部室長、国立健康・栄養研究所栄養疫学プログラムリーダー、東京大学大学院医学系研究科教授等を歴任。専門分野は栄養疫学・予防医学。著書に『行動栄養学とはなにか？——食べ物と健康をつなぐ見えない環《リング》を探る』（女子栄養大学出版部、二〇二三）、『佐々木敏の栄養データはこう読む！——疫学研究から読み解くぶれない食べ方』（女子栄養大学出版部、二〇二〇）、『佐々木敏のデータ栄養学のすすめ——氾濫し混乱する「食と健康」の情報を整理する』（女子栄養大学出版部、二〇一八）、『わかりやすいEBNと栄養疫学』（同文書院、二〇〇五）など。

野沢 与志津（のざわ よしづ）
味の素株式会社マーケティングデザインセンターコミュニケーションデザイン部カスタマーサクセスグループ長。一九七六年、香川県生まれ。東京大学大学院農学生命科学研究科修了。味の素株式会社入社。食品研究所・健康基盤研究所にて健康栄養領域の研究を担当。博士（農学）。専門分野は栄養生理学、コミュニケーション。論文に School Lunch Programs and Nutritional Education Improve Knowledge, Attitudes, and Practices and Reduce the Prevalence of Anemia: A Pre-Post Intervention Study in an Indonesian Islamic Boarding School. *Nutrients*, 15, 1055-1069, 2023. Association between the Frequency of Protein-Rich Food Intakes and Kihon-Checklist Frailty Indices in Older Japanese Adults: The Kyoto-Kameoka Study. *Nutrients*, 10, 84, 2018. The effect of histidine on mental fatigue and cognitive performance in subjects with high fatigue and sleep disruption scores. *Physiology & Behavior*, 147, 238-244, 2015. など。

大森 美香（おおもり みか）
お茶の水女子大学基幹研究院人間科学系教授、東北大学大学院文学研究科・文学部総合人間学専攻心理言語人間学講座心理学分野教授。筑波大学第二学群心理学主専攻、筑波大学博士課程心理学研究科中退。Indiana University, Ph.D。筑波大学助手、京都教育大学講師、お茶の水女子大学助教授、准教授、教授を経て現職。専門分野は健康心理学。著書に『世界の食文化百科事典』（分担執筆、丸善出版、二〇二一）、『肉食行為の研究』（分担執筆、平凡社、二〇一八）、共監訳書に『マインドフル・イーティング——過食から自由になる心理学』（ジーン・クリステラー、アリス・ボウマン、日本評論社、二〇二〇）など。

梅﨑 昌裕（うめざきまさひろ）

東京大学大学院医学系研究科国際保健学専攻教授。一九六八年、長崎県生まれ。東京大学大学院医学系研究科国際保健学専攻修了。博士（保健学）。東京医科歯科大学大学院医歯学総合研究科講師、東京大学大学院医学系研究科助教授、准教授を経て現職。専門分野は人類生態学、国際保健学。著書に『微生物との共生――パプアニューギニア高地人の適応システム』（京都大学学術出版会、二〇二三）、『人間の本質にせまる科学――自然人類学の挑戦』（共編、東京大学出版会、二〇二一）、『ブタとサツマイモ――自然のなかに生きるしくみ』（自然とともに、小峰書店、二〇〇七）など。

編集―――――― 小山茂樹（ブックポケット）
装幀―――――― 佐藤大介（sato design.）
装画―――――― 千海博美

2023年度「食の文化フォーラム」は、第1回を2023年6月17日、第2回を9月30日、第3回と総合討論を2024年3月2日に開催した。本書収録の各章論考は、このフォーラムにおける報告および討論を踏まえて書き下ろされたものである。

食の文化フォーラム
現代“間食”考
――狭間からみる人類の食

2025年1月23日　初版第1刷発行

編者―――――― 野林厚志
企画―――――― 公益財団法人 味の素食の文化センター
発行者――――― 下中順平
発行所――――― 株式会社平凡社
〒101-0051 東京都千代田区神田神保町 3-29
電話 03-3230-6573（営業）
印刷所――――― 株式会社東京印書館
製本所――――― 大口製本印刷株式会社

ISBN 978-4-582-83980-7
［平凡社ホームページ］https://www.heibonsha.co.jp/

【お問い合わせ】
本書の内容に関するお問い合わせは
小社お問い合わせフォームをご利用ください。
https://www.heibonsha.co.jp/contact/

「食の文化フォーラム」シリーズ　刊行の辞

「食の文化フォーラム」とは、それぞれの専門性を深く探究し続けている第一人者が集まり、議論百出のセッションを通じて食にまつわるあらゆるテーマに迫ってきた歴史の集積です。食に関するテーマは「何を食べるか」にとどまらず、「どう食べるか」、さらに「なぜそれを食べるのか」「時代・地域による違いが生じる理由は何か」「人類と動物の差異はどこにあるか」など幅広く多岐にわたります。専門領域をまたがる学際的な討論であるからこそ「食の文化フォーラム」は、人類とは何か、社会はどうあるべきかなど、普遍的な価値や物事の本質に向き合い続けているのでしょう。

食文化の研究や討論は、食の持続可能性などを含めたこれからの食のあり方、人々の食を通した自己実現のあり方など、将来の幸福への道を探ることにもつながります。文化人類学、歴史学、社会学などの人文科学および社会科学と、生命科学や栄養学などの自然科学が交差を深めて食文化研究はさらに発展し、あるべき食の姿も見据えた絶え間ない探究が未来永劫続いていくものと確信しています。

「食の文化フォーラム」の前身であった一九八〇年の「食の文化シンポジウム」は、世に「食文化」という概念をもたらす大きなきっかけとなりました。以降、四〇年以上にわたり活動を継続してきた大勢の先達に敬意を表し、これまでの歴史も踏まえた「食の文化フォーラム」の新たな歩みを書籍として広くお伝えできることを光栄に思います。

本書が未来の社会と食文化研究に寄与することを期し、「食の文化フォーラム」のさらなる発展とともに、世界の人々の豊かで健康的な食生活の形成向上に貢献することができれば幸いです。

公益財団法人　味の素食の文化センター
理事長　西井孝明

❖食の文化フォーラム❖